Heike Rosa Maria Gaudenti | Also sprach der Löwenzahn

Also sprach der Löwenzahn

Das Kräuter- und Pflanzenkochbuch

Heike Rosa Maria Gaudenti

Also sprach der Löwenzahn
Das Kräuter- und Pflanzenkochbuch

Autorin: Heike Rosa Maria Gaudenti
           heiroma@gmx.net
           www.heiroma-gaudenti.de

ISBN: 978-3-00-051577-4
           7. Auflage 2018
           © Erstausgabe 2016

Buch Illustrationen: Rita Ballsieper
Coverbild: Carmen Benner www.carmen-benner.de
Coverbildbearbeitung: Hans Peter Kehrle www.fotogeist.de
Lektorat: Birgit Herbst
Layout / Satz: Birgit Letsch
Druck: Wir machen Druck

Die Autorin übernimmt keine Haftung für Schäden, die sich aus dem Gebrauch oder eventuellen Missbrauch der in diesem Buch beschriebenen Rezepte ergeben.

Für meine Mutter,

der ich meine Liebe zu

schlichten und guten Speisen verdanke

Vorwort

*E*in Kochbuch. Schon wieder ein Kochbuch? Haben wir denn nicht schon genug davon? Schaut man sich in unseren realen und virtuellen Buchhandlungen der Städte und denen im Netz um, muss die Antwort eindeutig Ja lauten. Also, warum dann bitte noch eins mehr? Nun ja, erstens ist die Zeit reif für ein ungewöhnliches Kochbuch. Obwohl ihnen das wahrscheinlich jeder erzählt, der gerade ein Kochbuch herausbringt.

Zweitens haben viele Menschen nach dem Kräuterbuch *»Schwupps, wir sind dann mal hier drin« Kräuter erzählen Magisches und Kulinarisches* danach gefragt. Sie müssen zugeben, das ist ein guter Grund. Und drittens, weil das Hirn der Autorin übersprudelt vor neuen Ideen und es sonst zu einem schrecklichen *Hirn-Fantasie-Überdruck-Trauma* kommen kann (eine wirklich widerliche Sache). Wer jetzt ein normales Standardwerk erwartet, wird zwangsläufig enttäuscht. Statt einer schlichten Rezeptsammlung, wurde es eine Reise zu den einzelnen Protagonisten des Buches, bei der es zu wundersamen Begegnungen kam. Genussvolle Rezepte, Wissenswertes, Humorvolles und Außergewöhnliches hat so seinen Platz auf diesen Seiten gefunden.

In diesem Buch sind keine Superfoods aus fernen Ländern anzutreffen, die neuerdings in aller Munde sind und Heil gegen fast alle

Krankheiten und Alterserscheinungen versprechen, sondern Pflanzen und Kräuter, die in unseren mitteleuropäischen Gefilden gut gedeihen. Sie sind preiswert oder warten uneigennützig und kostenlos am Wegesrand auf uns. Die Pflanzen, die hier vorgestellt werden, tragen alles in sich, was der Mensch benötigt, um gesund zu bleiben, seine Abwehrkräfte zu stärken und die Organe bei ihrer Arbeit zu unterstützen. Darüber hinaus sind sie gut für die Umwelt und haben eine Ökobilanz, die jede Gojibeere aus Asien vor Neid erblassen lässt.

Ein schöner Gedanke nicht wahr? Dies sind jedoch nur die angenehmen Begleiterscheinungen und nicht die wichtigsten Gründe, warum Hanf, Holunder und ihre grünen Freunde auf diesen Seiten versammelt sind. Neben all den positiven Eigenschaften zeichnen sie sich vor allem durch ihren guten Geschmack aus, von dem sich der wehrte Leser mithilfe der Rezepte selbst überzeugen kann.

Neues wie ein Brennnesseldip auf Linsenbasis oder ein aphrodisierendes Mohnsüppchen und Altbekanntes und sehr Beliebtes wie der Duft von Bratäpfeln mit Zimt und Zucker wehen durch diese Seiten und freuen sich darauf, von Ihnen entdeckt zu werden.

Tauchen Sie ein, lassen Sie sich unterhalten und kulinarisch anregen.

Viel Vergnügen und mögen Ihre Geschmacksknospen viel Neues erfahren.

Heike Rosa Maria Gaudenti

Einleitung

Zuerst konnte ich es gar nicht glauben, als Frau Autorin mich ansprach und mir diesen Job anbot. In der Welt der Menschen finde ich ansonsten kaum Beachtung. Im Gegenteil, meist werde ich als sogenanntes Unkraut beschimpft und man versucht mir oft genug den Gar auszumachen. So etwas würde der Verfasserin dieses Buches nie in den Sinn kommen. Sie zählt zu den Menschen, die mich schätzen und achten. Daher fühle ich mich entsprechend geehrt, diese Aufgabe zu übernehmen.

Aber von vorne. Ich darf mich Ihnen vorstellen: Löwenzahn mein Name, auch Seichkraut oder Taraxacum officinale genannt und seit Jahrzehnten mit der Verfasserin dieses Werkes eng befreundet. Wir haben schon so manches kulinarische und gesundheitliche Experiment miteinander erlebt, mal mit mehr, mal mit mäßigerem Erfolg, immer aber mit großer Hingabe und Freude an der Sache.

Nun wollte sie gerne ein Kochbuch schreiben. Es sollte anders sein, keine einfache Auflistung von Rezepten, nein, so einfach macht sie es sich nicht. Sie dachte, es sei bestimmt viel interessanter und aufschlussreicher, bestimmte Gewächse in diesem Buch ausführlicher zu beschreiben. Und ich, der ich ja nun mal mit allen Pflanzen, Sträuchern und Bäumen sprechen kann, sollte die Aufgabe eines Pflanzenreporters übernehmen und mit jedem der Protagonisten, sprich Zutaten, ein Interview führen. So erfährt der Leser aus erster Hand, warum bestimmte Gewürze und Pflanzen besonders wichtig und wertvoll sind und welche Geschichte sich hinter so manch unscheinbarem Kraut verbirgt; mit wem sie gerne in einen Topf geworfen werden und welche Vorlieben sie haben; wo sie sesshaft sind und welche kleinen oder großen Geheimnisse sie bereit sind auszuplaudern.

Es war nicht immer ganz einfach, aber ich habe die Herausforderung angenommen und mein Bestes gegeben. Dann hat Frau Autorin, ganz im Stil einer kulinarischen Heldin mit dem Verdienstkreuz des gusseisernen Bräters, mutige neue Kreationen und schlichte Köstlichkeiten entwickelt, sie auf Herz und Nieren geprüft, dabei viele Testesser verschlissen und mindestens genauso viele neue Essfans hinzugewonnen. Aber die Mühe hat sich gelohnt, denn nur die Rezepte mit dem Prädikat »besonders genussvoll« haben den Weg in dieses Buch gefunden.

Kommen Sie mit und begleiten mich auf meiner Reise zu den grünen Hauptdarstellern der folgenden Seiten und überzeugen Sie sich selbst.

Inhaltsangabe

Zu Hause bei
Herrn Cox

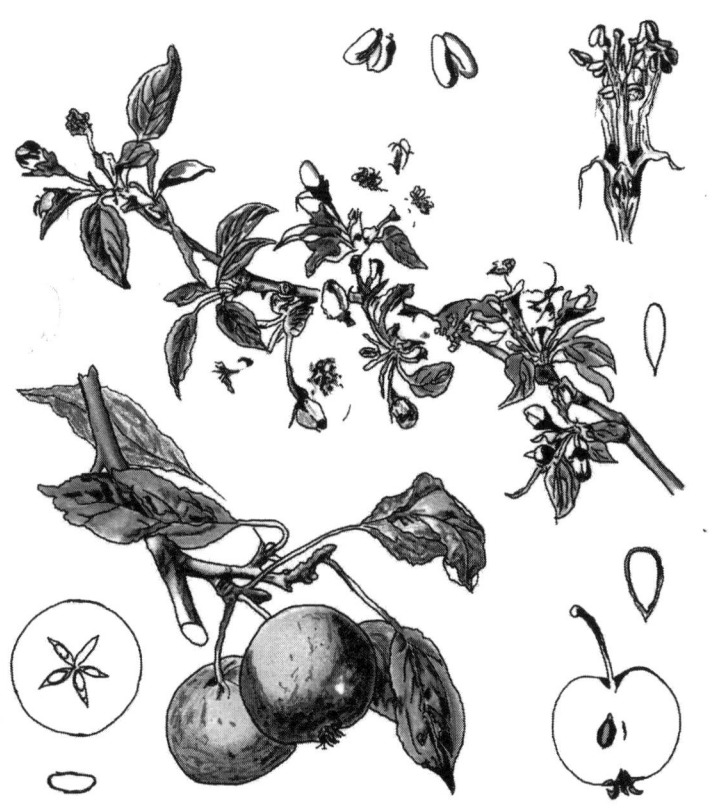

*U*m meinen alten Freund, den Herrn Cox (seinen vollständigen Namen Cox Orange findet er zu lang) zu besuchen, habe ich eine Reise in das Land unternommen, in dem diese Apfelsorte um 1820 entdeckt wurde, nach England. Dort trafen wir uns auf einer wunderbaren Streuobstwiese zu einem gemütlichen Plausch. Seinen genauen Standort darf ich nicht verraten, denn mein lieber Herr Cox ist im Laufe seines Lebens etwas wunderlich geworden und befürchtet immer, man wolle ihn ausmerzen, wie all die anderen schönen alten Apfelsorten, die es einmal gegeben hat.

Er bestand darauf, dass mein Bericht zuerst mit einer recht sachlichen Beschreibung seiner Apfelpersönlichkeit beginnen sollte.

»Es kennt sich doch niemand mehr wirklich aus. Die meisten glauben heutzutage wahrscheinlich, das Obst wächst in Kisten im Supermarkt und die Kühe sind alle lila.«

Ich zitiere nur. Wie der werte Leser wohl bemerkt haben wird, ist der liebe Herr Cox im Alter nicht nur wunderlich, sondern auch ein wenig mürrisch geworden. Was seine hervorragenden Qualitäten als Apfel jedoch in keiner Weise schmälert. Ja, der Apfel ist und bleibt des Deutschen liebstes Obst und rangiert mit einem Pro-Kopf-Verbrauch von ca. 30 kg (Saftmenge inklusive) seit vielen Jahren weit vor der Banane und der Orange. Was bei diesem Tausendsassa nicht verwundert, vereint er doch außer herrlichem Saft und vielen Vitaminen eine wahre Apotheke in sich. Doch fangen wir von vorne an. Unser geliebter Apfel hört botanisch auf den Namen Malus und darf sich als Kulturapfel sogar mit dem schönen Beinamen domestica schmücken. Diese Kernobstart gehört zu den Rosengewächsen und manche sagen, schon die alten Pharaonen hätten den Apfel gekannt und genutzt. Er wächst in Europa, Asien und Nordamerika. Zu den großen Anbaugebieten von Malus domesticus gehört heute außer Europa auch Neuseeland.

Entsprechend ihrer Erntezeit werden unsere Kulturäpfel in drei große Gruppen unterteilt. Die Sommersorten sind meist fein säuerlich, nicht lagerfähig und am besten für den Sofortverzehr geeignet. Zu ihnen zählen u.a. Klarapfel, Piros, Jamba oder Schöner von Bath, was für ein Name! Die im Herbst geernteten Sorten lassen sich oft gut lagern und bieten eine große Geschmacksvielfalt, beispielsweise Almene, Gravensteiner oder Holsteiner Cox. Und schließlich die späten Sorten, die bei richtiger Lagerung den ganzen Winter über für die Extraportion Vitamine sorgen. Es ist gleich, ob man sich für den Boskop entscheidet, der sich für köstliche Bratäpfel eignet, oder den seit dem 16. Jahrhundert bekannten Weißen Winter-Calville, der von sich behaupten kann, die meisten verschiedenen Namen aller Äpfel zu besitzen – er wird u.a. Himbeerapfel, Paradiesapfel oder Weißer Kardinal genannt und hat wegen seines hervorragenden Geschmacks lange Zeit die erste Geige im Apfelorchester gespielt – mit allen Sorten ist man gut für den Winter gerüstet.

Es soll auf der Welt etwa 30.000 Apfelsorten geben. Eine unglaubliche Zahl, findet ihr nicht? Alleine zweitausend davon in Deutschland. In die Supermärkte schaffen es in der Regel aber nur fünf bis sechs, und nur noch fünfundzwanzig werden erwerbsmäßig angebaut, während die vielen alten, schmackhafte Sorten leider mittlerweile auf die kleine Gruppe von Idealisten, Hobbygärtnern und Streuobstwiesenvereinen angewiesen sind. Es gibt sogar schon Obstmuseen, wie das »Pomarium Anglicum« in Sörup oder das »Bodensee Obstmuseum« in Frickingen. Ja, so weit ist es schon gekommen. Damit die späteren Generationen überhaupt noch Äpfel kennenlernen, die nicht alle gleich sind in Wuchs und Beschaffenheit und ein normales Verfallsdatum erleben, muss der Mensch Museen für Obst und Gemüse einrichten!

Man sollte Sorten wie Pink Lady oder die neuen genmanipulierten Varianten Arctic Granny und Arctic Delicious sehr kritisch betrachten. Die beiden letztgenannten, werden überhaupt nicht mehr braun, wenn man sie anschneidet, haben in Amerika schon eine Zulassung erhalten. Na dann, guten Appetit.

Nicht nur die Früchte des Apfelbaumes verdienen es, dass man ihnen Gedichte und ganze Kochbücher widmet. Auch sein Holz sollte gewürdigt werden. Mit seinem rötlichen Kern und seiner harten Beschaffenheit zählt es zu den Edelhölzern, und wer das Glück hat, ein Möbelstück aus diesem Holz zu bewundern, wird feststellen, wie warm und lebendig es in seiner Struktur ist.

Wenn die Apfelblüte gekommen ist, beginnt für die Bienen eine Zeit des Überflusses, denn die Blüten des Baumes sind im Verhältnis zu denen anderer Obstsorten extrem zuckerhaltig. Da wir gerade beim Zuckergehalt angekommen sind, möchte ich doch gleich noch ein paar Worte zur Zusammensetzung des Apfels sagen. Es stimmt, er ist wahrscheinlich das gesündeste Obst, das Deutschland zu bieten hat – kalorienarm, vitaminreich und hilfreich bei vielerlei Beschwerden. Die meisten seiner wertvollen Inhaltsstoffe befinden sich in der Schale. Wer aber nun glaubt, jeder Apfel weise die gleiche Menge an Vitaminen und Zucker auf, der irrt sich gewaltig. Ein Elstar kann mit durchschnittlich 8 – 13 mg/100 g Vitamin C aufwarten. Ein Granny Smith hat nur 1 – 4 mg/100 g und einer der Könige unter den Vitamin-C-Spendern ist der Berlepsch mit satten 25 – 35 mg/100 g. Hinzu kommt, dass der Vitamingehalt durch Sonne und Lagerung beeinflusst wird: Viel Sonne gleich viele Vitamine und je länger die Lagerung umso weniger Vitamine. Nichtsdestotrotz ist man mit regelmäßigem Apfelkonsum gesundheitlich immer auf der Gewinnerseite.

Sie sind einfach wahre Alleskönner: roh und mit Schale verzehrt fördern sie die Verdauung, wirken entgiftend und sorgen für eine gute Darmflora. Gerieben helfen sie bei Durchfall und sind leicht bekömmlich. Außerdem eilt dem Apfel der Ruf voraus, er fungiere als natürliche Krebsvorsorge.

»Meine Güte, mein lieber Freund Cox, bei so vielen fantastischen Eigenschaften gehört dir doch eigentlich ein Denkmal gesetzt.« Ich geriet richtig ins Schwärmen nach meinem Vortrag.

»Nicht wahr? Und ich glaube, man hat es sogar schon getan, denn ich sehe in den letzten Jahren ganz häufig mein Konterfei in einer angebissenen Variante auf vielen Geräten, die die Menschen benutzen. Ist das mein Denkmal?«, fragte mich der gutgläubige Herr Cox.

»Schön wär`s. Nein, mein Freund, der angebissene Apfel, den man heutzutage überall auf komischen kleinen Geräten sieht, die flackern und die Menschheit scheinbar abhängig machen, ist leider nicht die Verherrlichung deiner Wenigkeit. Mit Obst hat dieser Apfel wahrlich nichts zu tun, tut mir leid«, lautete meine ernüchternde Antwort.

Schade ist das allemal, denn er hätte es wahrlich verdient. Wobei, wenn man es recht bedenkt, ist unser Apfel doch auf viele Arten verewigt worden. Man denke nur an das Märchen von Frau Holle, wo das Apfelbäumchen zuerst der Goldmarie und dann der Pechmarie zuruft: «Ach, rüttel mich und schüttel mich, meine Äpfel sind alle miteinander reif!«

Oder gar in der Wissenschaft, da soll ein gewisser Isaak Newton durch die Beobachtung eines Apfels, der vom Baum und ihm auf den Kopf fiel (so erzählt man sich), auf die Idee mit diesem Gravitationsgesetz gekommen sein. Was auch immer das sein mag. Aber es schien der Welt sehr wichtig zu sein. Oder nehmen wir nur all die Redensarten, in denen ein Apfel die Hauptrolle spielt; »Der Apfel fällt nicht weit vom Stamm.« »In den sauren Apfel beißen.« »Ein Apfel pro Tag, mit dem Doktor kein Plag.« Und noch viele viele mehr. Sogar diese Riesenstadt in Amerika, die eigentlich New York heißt, wird »Big Apple« genannt.

Na, ich glaube so langsam fühlt sich unser Herr Cox dann doch geschmeichelt. Als Machtsymbol wurde er als sogenannter »Reichsapfel« dargestellt, und die Kelten sollen ihn als Zeichen der Weisheit und des Wissens verehrt haben. Das ist doch mal was. Diese Kelten sollen auch das erste alkoholische Getränk aus ihm gemacht haben, den Met. Sie haben den Saft des Apfels mit Honig vergoren, und so entstand ein Honigwein mit durchschnittlich 12 % Alkohol.

Herr Cox bat mich zu Schluss unseres Treffens darum, in dieses Buch, das ja in der Hauptsache ein Kochbuch ist, sein ältestes und sein neuestes Apfel-Lieblings-Rezept aufzunehmen. Diesen Wunsch habe ich an die Frau Autorin weitergeleitet. Und ich wünschte mir das schöne alte Gedicht vom Bratapfel.

Der Bratapfel

Kinder, kommt und ratet,
was im Ofen bratet!
Hört, wie's knallt und zischt.
Bald wird er aufgetischt,
der Zipfel, der Zapfel, der Kipfel,
der Kapfel, der gelbrote Apfel.

Kinder, lauft schneller,
holt einen Teller,
holt eine Gabel!
Sperrt auf den Schnabel
für den Zipfel, den Zapfel,
den Kipfel, den Kapfel,
den goldbraunen Apfel!

Sie pusten und prusten,
sie gucken und schlucken,
sie schnalzen und schmecken,
sie lecken und schlecken
den Zipfel, den Zapfel,
den Kipfel, den Kapfel,
den knusprigen Apfel.

❧ Da brat mir doch einer einen Apfel

(ältestes Lieblingsrezept von Herrn Cox)

Zutaten:

4 schöne, gleich große, leicht säuerliche Äpfel
50 g geröstete, gehackte Haselnüsse
50 g Marzipan
30 g Butter (Pflanzenmargarine für Veganer)
50 g Zucker-Zimt-Mischung
½ l warme Vanillesoße (Soja-Vanille-Soße)

Die Äpfel werden gewaschen und das Kerngehäuse wird mit einem Teelöffel herausgelöst. Nun werden sie auf ein mit Backpapier ausgelegtes Blech gestellt. Ein wenig von der Zucker-Zimt-Mischung in jeden Apfel, dann etwas Marzipan, die Haselnüsse obenauf, mit Butterflöckchen belegen und noch einmal mit Zimt-Zucker bestreuen. Die Äpfel bei 175 Grad ca. 15 – 20 Minuten backen, je nach Größe des Obstes. Danach ab auf den Teller damit, Vanillesoße darüber und hmmmmmm………

🐌 Heiromas herzhaftes Apfelbrot

(neustes Lieblingsrezept von Herrn Cox)

Zutaten:

ca. 100 g Roggensauerteig	mit
500 g Roggenmehl Typ 1150	
300 g Weizenmehl Typ 1050	
1 Päckchen Trockenhefe	
1 TL Salz	mischen und
1 EL Olivenöl	
½ TL Honig	dazu und soviel
lauwarmes Wasser	bis man einen zähen Teig erhält, der schön an den Händen kleben bleibt

Nun benötigt der Teig nach der ganzen Anstrengung ausreichend Ruhe, und zwar so lange, bis er sich verdoppelt hat.

Ist dies geschehen, kommt Folgendes hinzu:

700 g kl. gewürfelte Apfelstücke bitte mit Schale und
100 g Rohrohrzucker-Zimt-Gemisch

Nun die Apfelstücke und die Zucker-Zimt-Mischung unter den Teig kneten, einen großen oder zwei kleine Brotlaibe formen, diese dann mit einem Handtuch zugedeckt nochmals gehen lassen, denn in der Ruhe liegt die Kraft und das Gelingen eines guten Brotes. Anschließend die Laibe einschneiden, den Backofen auf 220 Grad vorheizen und eine feuerfeste Schale mit Wasser auf den Boden des Backofens stellen. Die Brote mit Wasser bestreichen und ca. 50 – 60 Minuten backen, die ersten 20 Minuten auf 200 Grad, dann die Hitze auf 180 Grad reduzieren.

**Und hier eine kleine Auswahl von Redensarten
zu unserem täglich Brot:**

Der Mensch lebt nicht vom Brot allein

Brot und Salz, Gott erhalt's

Wes Brot ich ess, des Lied ich sing

Arbeit gibt Brot, Faulheit gibt Not

Arbeit macht aus Steinen Brot

Dem Armen fehlt Brot, dem Reichen Appetit

Ohne Wein und Brot ist die Liebe tot

In der Not schmeckt die Wurst auch ohne Brot

Trocken Brot macht Wangen rot, Butterbröter noch viel röter

Brotlose Kunst

Kleine Brötchen backen

Er lässt sich die Butter nicht vom Brot nehmen

Fehlt das Brot im Haus, zieht der Friede aus.

ᘒ Möhren–Apfel-Salat mit Walnüssen und Hanföl (vegan)

Zutaten:

4 gewaschene Möhren	fein reiben
2 Äpfel	entkernen, in kleine Würfel schneiden
50 g Walnüsse	in der Pfanne oder Backofen leicht anrösten
	Dressing anrühren aus:

2 EL Himbeeressig

Saft einer Bio-Orange

1 TL Honig oder Zucker

3 EL Hanföl

Die Möhren werden mit den Apfelstückchen gemischt. Nun das Dressing dazu und zum Schluss die Walnüsse obenauf. Ein vitaminreicher Salat, der Groß und Klein schmeckt.

🐛 Beschwipstes Apfelgelee

Zutaten:

500 ml Apfelsaft

200 ml Weißwein

Saft einer Zitrone

1 Paket / 500 g Gelierzucker 2:1

Apfelsaft, Weißwein und Zitronensaft mit dem Gelierzucker mischen, nach Anleitung aufkochen, Gelierprobe machen und den Gelee in Gläser abfüllen. Dieser Aufstrich eignet sich nicht nur als Brotbelag, zu Ziegenkäse passt er auch ganz wunderbar.

🐛 Fruchtiger Zimt-Apfelkuchen

Zutaten:

225 g weiche Butter	
225 g Zucker	
1 P Salz	
5 Eier	nach und nach schaumig rühren
450 g Weizenmehl Typ 550	
1 Päckchen Backpulver	mit dem Mehl mischen
2 EL Zimt	dazu und alles nach und nach mit
1/8 l Milch	unterrühren, dann
600 g Äpfel	schälen und auf dem Gurkenhobel in feine Scheiben schneiden und dann zusammen mit
100 g Mandelblättchen	unter den Teig heben

Alles in eine gefettete und mit Semmelbröseln ausgestreute Napfkuchenform füllen und bei 180 Grad ca. 1 Std. backen. Ein herrlicher Kuchen, der auch am zweiten und dritten Tag noch saftig ist und köstlich schmeckt.

Apfelpfannkuchen (vegetarisch)

Zutaten:

300 g Weizenmehl Typ 550	in eine Schüssel geben
6 Eiweiß	sehr steif schlagen
6 Eigelb	mit
1 P Salz	zu dem Mehl geben
500 ml Vollmilch	langsam unter das Mehl rühren, bis eine dickflüssige Konsistenz entstanden ist
Den Eischnee	unterheben und den Teig ca. 30 Minuten ruhen lassen
4 große Äpfel	waschen, entkernen und in dünne Ringe schneiden
Butterschmalz oder Rapsöl	in eine Pfanne mit Deckel geben und erhitzten

Dann eine Schöpfkelle voll Teig hineingeben und obenauf Apfelringe verteilen. Deckel drauf, nach ca. 4 Minuten wenden und anschließend warmstellen. Vor dem Servieren die Pfannkuchen mit einem Zimt-Zuckergemisch bestreuen.

🐾 Rosa Matjes oder des Katers bester Freund

<u>Zutaten:</u>

200 g Matjesfilet	wässern, dann in Würfel schneiden
1 große Zwiebel	in Ringe schneiden
1 Knolle rote Beete	garen, schälen, in Würfel schneiden
3 Gewürzgurken	würfeln
1 großer säuerlicher Apfel	entkernen, in kleine Würfel schneiden, dann
1 Bund Dill oder Fenchelkraut	fein hacken
1 Becher Joghurt	mit
1 Becher saurer Sahne	und mit
1 EL Senf, 1 TL Meerrettich, Salz, Pfeffer, Zucker und etwas Gurkenwasser	verrühren und mit den anderen Zutaten vermischen. Zwei bis drei Stunden durchziehen lassen, und schon hat man eine Köstlichkeit, die mädchenhaft rosa aussieht, das Eisendepot im Körper auffüllt, nach einer durchzechten Nacht den Kater im Kopf vertreibt und zusammen mit Pellkartoffeln einfach nur lecker schmeckt.

Das vielschichtige Wesen von Frau Zwiebel

*L*ange habe ich überlegt, wie ich Frau Zwiebel ansprechen sollte. Wir kennen uns natürlich schon lange. Aber nun, da sie eine so gewichtige Auszeichnung erhalten hat, war ich doch etwas verunsichert. Heilpflanze des Jahres 2015! Das ist schon was. Nach der auffälligen Damaszenerrose im Jahr 2013 und dem zarten, aber überaus stark wirkenden Aniskraut 2014 ist nun unsere vielseitige, unentbehrliche und doch so häufig vernachlässigte Gemüsezwiebel auf das Podest gehoben worden. »Bravo!«, kann ich da nur voller Anerkennung und Bewunderung rufen. Endlich hat man erkannt, dass nicht nur exotisch anmutende Früchte und Blätter, die von weit her kommen, wie beispielsweise die Goji Beere oder der Matcha Tee, heilkräftige Wirkungen haben. Die Bevölkerung hat dies in früheren Zeiten schon erkannt, wie man an den Redewendungen weiter unten im Text unschwer erkennen kann.

Die moderne Gesellschaft glaubt vieles, aber erst dann, wenn etwas mit Auszeichnungen versehen wird, wissenschaftliche Studien nachweisen kann oder von einer sehr berühmten Persönlichkeit ins Rampenlicht gestellt wird. Anderseits konnte Frau Zwiebel so, abseits des ganzen Rummels, auf ihre Art und Weise und in aller Stille wirken. Vielleicht wäre der Preis für das vielschichtige Gemüse sonst in exorbitante Höhen geschossen und für die Menschen unerschwinglich geworden.

Möglicherweise fragen Sie sich nun, warum Frau Zwiebel das nicht selbst erklärt. Tja, so ist es nun mal: Sobald man einen Preis erhalten hat, gibt es Termine, Termine, Termine, und alte Freunde sind geduldig genug um zu warten. Frau Zwiebel bat mich, doch eigene Worte für sie zu finden, da wir uns schon so lange kennen. Und so ist es mir natürlich ein großes Vergnügen, ein Loblied auf meine Freundin anzustimmen.

Ähnlich wie bei unserem Freund dem Apfel gibt es auch bei der Zwiebel die verschiedensten Sorten, wenn auch nicht ganz so zahlreich. Botanisch zählt sie zu den Lauchgemüsen und wurde wahrscheinlich zuerst in Asien, im Orient und Mittelmeerraum kultiviert. Bei den Ägyptern soll neben Rettich und Knoblauch die Zwiebel das wichtigste Gemüse für die Verpflegung der Sklaven beim Pyramidenbau gewesen sein. Schon die alten Germanen nutzen ihre wild wachsenden Formen in der Küche ebenso wie zu Heilzwecken. Spätestens im Mittelalter gab es dann kein Halten mehr und die Zwiebel wurde bei uns angebaut und auf vielfältigste Art und Weise verwendet. Heute sind die Sommergemüsezwiebeln bei uns nicht zuletzt deshalb die beliebtesten, weil sie sich gut lagern lassen. Daneben gibt es noch weitere Sorten, wie etwa die Perlzwiebel oder die Silberzwiebel. Letztere hat keine Schale, ist daher empfindlich und ganz fein im Geschmack. Die Schalotte hingegen besitzt die meisten ätherischen Öle – und genau die sind es auch, die die Zwiebel, neben all den Vitaminen, so wertvoll machen.

- verdauungsfördernd
- entzündungshemmend
- Immunsystem stärkend
- blutdrucksenkend
- auswurffördernd

Dies sind nur einige der ihr nachgesagten Wirkungsweisen. Verdauungsfördernd ist sie, weil ihre Inhaltsstoffe die Leber und Bauchspeicheldrüse zur Arbeit anregen. Die entzündungshemmende Wirkung kennt jeder, der nach einem Insektenstich diesem mit einer halbierten Zwiebel zu Leibe gerückt ist oder bei Ohrenschmerzen eine Zwiebelauflage gemacht hat. Dampfbäder machen die Atemorgane frei und lösen den Schleim; Zwiebelsirup hilft bei Erkältungen. Bei Unterleibsschmerzen soll eine in Milch gekochte Zwiebel Linderung verschaffen. Zwiebel in Wasser und Honig gekocht empfiehlt sich bei Harnverkalkung und und und.... Die Liste ließe sich beliebig fortsetzen. Da ich meine Aufgabe nicht nur darin sehe, die gesundheitlichen Aspekte meiner Freundin hervorzuheben, kommen wir nun zu ihrer nicht minder vielfältigen kulinarischen Seite.

Ob roh oder gekocht, getrocknet oder gebraten, als Beilage, Hauptgang, Zutat in Marinaden, wo sie als Fleischzartmacher agiert, oder als fast einzig gesunder Aspekt eines Burgers, kaum ein Gericht kommt ohne sie aus. Und das ist auch gut so. Ganz gleich, ob sie Zwiebel, Cibol, Olich, Zeibel, Unlauch, Nislauch oder sonst wie genannt wird, ob man den fleischlichen Gaumengenüssen verfallen ist, sich vegetarisch oder gar vegan ernährt, dieses Lauchgewächs macht alle glücklich.

Roh schmeckt sie frisch und scharf, gebraten bekommt sie eine süßliche Note. Das bekannte Mettbrötchen mit roher Zwiebel ist ein schönes Beispiel für die Kombination aus lecker und gesund, na sagen wir besser: aus lecker und bekömmlich, da sie für die leichtere Verdaulichkeit des Schweinemetts sorgt. Eine ähnliche Wirkung hat übrigens auch der Senf auf dem Leberwurstbrot. Mariniert man Fleisch in Zwiebeln, Öl und Gewürzen und lässt dem Fleisch dann zwei bis drei Stunden oder über Nacht im Kühlschrank Zeit, wird es dadurch schön zart und mürbe. In Butter und Zucker glasierte Zwiebeln bereichern jedes Menü, und als Zutat an einem Spieß zaubern sie in der Grillzeit jedem ein zufriedenes Lächeln aufs Gesicht.

Der Mensch kleidet sich sogar im Zwiebellook und behauptet, dies sei gesund. Auch der Ausspruch »Da bleibt kein Auge trocken« hat seinen Ursprung wohl in der tränenfördernden Wirkung des Zwiebelschälens. Der Ausruf »Ich habe ein Zwiebel-Portemonnaie« ist einem leeren Geldbeutel geschuldet, dessen Besitzer über diese Tatsache weinen möchte.

Abschließend kann man sagen, meine verehrte preisgekrönte Freundin, die Zwiebel ist ein äußerst wertvolles, preiswertes Gemüse, das extrem vielseitig einsetzbar ist. Heiß geliebt und oft verwendet, sowohl bei den Verfechtern der Fleischfraktion, als auch bei der immer größer werdenden Gruppe von Vegetariern und Veganern. Sie bereichert jedes Menü, kann wahre Wunder für die Gesundheit wirken, wächst in heimischen Gärten ganz problemlos, rührt uns zu Tränen und sorgt so manches Mal für die richtigen Flötentöne im Darmorchester.

Redewendungen und Reime zur Zwiebel

»Ein Dampfbad mit Zwiebel vertreibt jedes Übel.«

*»Wer sie beißt, den beißt sie wieder und macht nass
die Augenlider.«*
Kinderreim

Was ist das?

»Hat sieben Häute, beißt alle Leute?«

*»Die Zwiebel macht von innen gesund,
die Birkenrute den Hintern wund.«*
Redewendung aus Estland

GESUNDES AUS DER ZWIEBEL

౭౩ Zwiebelwickel

Eine gehackte, angedünstete Zwiebel in ein Baumwolltuch geben und auf die betroffene Stelle legen.

Der Wickel hat sich bei Ohrenschmerzen und Bronchitis bewährt.

---

౭౩ Zwiebelsirup

Zutaten:

1 Zwiebel   schälen und fein hacken, in ein Schraubglas füllen

3 – 4 EL Honig / Zucker   darüber geben, Glas verschließen und über Nacht ziehen lassen

Anwendung: Erwachsene 3x täglich 1 – 2 EL, Kinder 3 – 5x täglich 1 TL Sirup

---

KULINARISCHES AUS DER ZWIEBEL

🧅 **Wilder Zwiebelkuchen** (vegetarisch)

<u>Mürbeteig kneten aus:</u>
170 g Butter
1 Ei
1 Schuss Weißwein oder Wasser
250 g Mehl
Salz und Muskat

<u>Belag:</u>

1 kg Zwiebeln	schälen, in Ringe schneiden und in
Olivenöl	andünsten
50 g junge Brennnesselspitzen	waschen, grob zerkleinern, kurz zu den Zwiebeln geben die Masse mit
Salz, Pfeffer und Kümmel	abschmecken

<u>Guss:</u>

3 Eier	werden mit
1 Becher saurer Sahne	verrührt und mit
Salz, Pfeffer und Muskat	abgeschmeckt

Nun den Mürbeteig ausrollen und eine runde, gefettete Form damit auslegen. Einen Rand formen, mit der Gabel ein paar Löcher in den Boden stechen und das Zwiebel-Brennnessel-Gemisch gleichmäßig darauf verteilen. Nun wird die Eiersahne darüber gegossen und alles im vorgeheizten Backofen bei ca. 180 Grad 30 – 40 Minuten gebacken.

Die Liebhaber von Federweißem mögen gerne zum wilden Zwiebelkuchen ein Glas trinken. Frau Autorin schätzt dazu eher ein kühles Blondes, hat sie mir verraten.

🐏 Tomaten-Zwiebel-Chutney (vegan, glutenfrei)

Wie jedes gute Rezept beginnt auch dieses mit den berühmten Worten: »Man nehme ...«

Zutaten:

1 kg grüne Tomaten	(grün im Sinne von unreif, sie sollten mindestens walnussgroß sein!)
500 g Zwiebeln	
125 g Salz	

Die Tomaten und die Zwiebeln schneidest du mit viel Liebe und sehr hingebungsvoll in zauberhafte kleine Würfel. Wenn das mit der Liebe und der Hingabe nicht so klappt, kannst du auch eine dieser unromantischen, grauenhaft lauten, stromfressenden Küchenmaschinen verwenden. Das Salz streust du anschließend über die liebevoll geschnittenen oder unromantisch zermalmten Stücke, vermischst sie gut miteinander und lässt das Ganze über Nacht durchziehen.

Am nächsten Tag wird die Masse abgeschüttet. Für die Brühe hat Frau Autorin bisher nur von drei Anwendungsmöglichkeiten gehört: Zur Unkrautvernichtung, um Nachbars bissigen Hund zu vergraulen, oder als Diättrunk für (un)geliebte Schwiegermütter oder Chefs. Welche dieser Möglichkeiten du anwendest, überlasse ich deinem Gewissen.

Achtung! Die Verfasserin dieses Rezeptes ist für die Folgen der Anwendung nicht haftbar zu machen!

Als Nächstes nimmst du:

750 g braunen Kandis

½ l Apfel- oder Weißweinessig und kochst das Ganze so lange, bis sich der Zucker aufgelöst hat.

Anschließend gibst du die **abgeschüttete Tomaten-Zwiebelmischung dazu** und lässt alles eine Weile köcheln (ca. 30 – 50 Minuten). Kleiner Tipp am Rande: Diese Prozedur solltest du nicht machen, wenn du Besuch hast. Es sei denn, du suchst verzweifelt nach einer Möglichkeit, diesen schnellstens loszuwerden.

In einer kleinen Schüssel verrührst du, während der Essig kocht und der Besuch das Weite sucht, folgende Zutaten:

¼ l Essig

2 EL Senf

1 EL Curry

1 EL Pfeffer

½ Tasse Kartoffelmehl

Diese Mischung gibst du dazu und lässt alles so lange kochen, bis die Masse schön sämig geworden ist. Jetzt nur noch in Gläser füllen und schon ist das Chutney fertig.

Bleibt nur noch der Abwasch. Für den Fall, dass dein Mann nicht so liebevoll ist und nach deiner mühevolle Arbeit gleich behände in die Küche eilt, um seiner Liebsten den Abwasch abzunehmen, kannst du entweder auf bessere Zeiten hoffen oder, sofern vorhanden, deine Spülmaschine einräumen.

🧅 Zwiebelige Marinade (vegetarisch/vegan)

Zutaten:

4 – 5 Zwiebeln	schälen, halbieren und in Ringe schneiden

1 EL Tomatenmark

1/8 l trockenen Rotwein

1/8 l Essig

1 EL Honig oder Zucker

1 EL fein gehackter frischer Ingwer

1 – 2 EL Fischsoße (Veganer verzichten gerne darauf)

1 TL Kartoffelstärke

Salz

Pfeffer

1 TL Galgant

1 TL Kurkuma

½ TL Kreuzkümmel

Als Kräuter haben sich Salbei, Ysop, Oregano, Thymian, Rosmarin und und und bewährt. Wählt aus, was euch am besten schmeckt.

Alles miteinander verrühren, das Grill- oder Bratgut damit einpinseln und im Kühlschrank mindestens zwei Stunden ziehen lassen. Das Rezept eignet sich für vegetarisches Grillgemüse oder Tofuschnitzel, Omas Sonntagsbraten, Onkel Hermanns Schweinesteaks, Tante Ritas Brathähnchen und für noch vieles mehr.

⁊🦪 Geschmortes Lamm mit Honig-Zwiebeln
(glutenfrei)

Lammschmortopf (Zutaten für 4 Personen)

1 kg Lammfleisch	Lamm in mundgerechte
(Schulter oder Schlegel)	Stücke schneiden
1 Zimtstange	im Mörser zerstoßen, im kleinen Topf mit Wasser bedecken, einmal kurz aufkochen
2 Quitten	ca. 3 Minuten blanchieren, abschrecken, schälen, entkernen und in Spalten schneiden
2 Schalotten	schälen, in Ringe schneiden
2 Knoblauchzehen	schälen, fein hacken
1 TL Kurkuma (Gelbwurz)	mit
1 TL schwarzem Pfeffer	
1 TL frisch geriebener Ingwer	und
8 EL Olivenöl	mischen und Lammfleisch damit marinieren, Fleisch 3 Minuten scharf im Schmortopf anbraten
Quitten und Zimtsud	dazugeben
1/8 l Olivenöl	und
3/8 l Wasser	dazu und zugedeckt bei 140 Grad ca. 1 Stunde schmoren lassen

Honig-Zwiebeln

400 g Zwiebeln	schälen, in Ringe schneiden, in
1 – 2 EL Olivenöl	sanft ca. 2 Minuten braten
1 EL Honig	und

1 TL Zucker	zu den Zwiebeln geben, ca. 10 Minuten garen,
Saft einer Zitrone	dazugeben umrühren und
1 – 2 EL vom Bratensaft	hinzu

Auf flachen Tellern die Honigzwiebeln als Nester platzieren und das geschmorte Lammfleisch in die Mitte legen.

Diese köstlichen Honigzwiebeln schmecken auch auf jedem Kartoffel- oder Gemüsepüree.

Fruchtige Zwiebelspieße (vegan)

Zutaten:

2 Zwiebeln	schälen, vierteln, die Viertel- schichten 2 x teilen
2 Möhren	waschen, schräg in dicke Scheiben schneiden
2 Zuckermaiskolben	in dicke Scheiben schneiden
½ Ananas	schälen, Strunk entfernen, in mundgerechte Stücke schneiden
2 Äpfel	waschen, vierteln, Gehäuse entfernen, wie die Ananas teilen
frische Zitronenmelisse	Blätter waschen

Auf Schaschlikspieße werden nun immer abwechselnd die oben genannten Zutaten gespießt. Dazwischen ein Blättchen von der Zitronenmelisse. Man kann auch frische Minze oder Basilikum nehmen, ganz nach Vorliebe. Die fertigen Spieße werden dann mit der zwiebeligen Marinade eingepinselt und auf dem Grill von allen Seiten angebraten. Und schon hat man eine vegane Grillköstlichkeit, auf die so mancher Fleischesser neidisch blicken wird. Aber ihr wisst ja, teilen macht glücklich, also besser immer ein paar mehr für die Fleischfraktion einplanen.

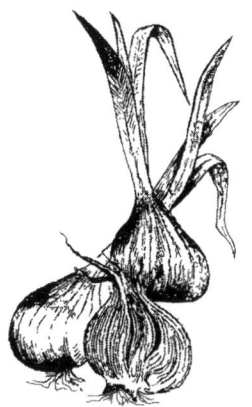

Exotische Begegnung mit Madame Mohn

J a, ich gebe zu, auf die Begegnung mit Madame Mohn war ich mehr als gespannt. Genoss sie doch einerseits einen zweifelhaften Ruf, andererseits brachte man ihr unglaublichen Respekt entgegen. Sie ist eine große Schönheit, zwar leicht vergänglich in der Blüte, aber ihre Samenkapseln.... So wohlgeformt, so schön, so langlebig, und erst ihr Inhalt. Es ist mir wohl unschwer anzumerken, dass ich zu den großen Fans von Madame gehöre. Daher wollte ich mich auch gut auf unser Treffen vorbereiten. Aber wie das so ist mit den begehrten und berühmten Pflanzen, war es gar nicht so leicht, einen Termin zu bekommen. Ich war sehr aufgeregt, als es endlich soweit war.

Unser Gespräch fand auf einer sonnigen Wiese in einem versteckten, großen Garten statt. In ihrer vollen Blütenpracht und Zartheit stand sie da, und ich konnte den Blick nicht von ihr wenden. Und dann, was soll ich sagen, ganz wie eine Diva, musste sie sich zu allererst einmal mächtig beklagen. Sie war in schlechter Stimmung.

»Ist es nicht zum Blütenblätterabwerfen?«, rief sie empört.

Ich war zutiefst verwirrt, da mir überhaupt nicht klar war, auf was die Gnädigste hinauswollte.

»Ich bin doch eine Berühmtheit, seit Jahrtausenden! Hast du gehört? Seit Jahrtausenden!! Wie viele Völker haben meine Eigenschaften genutzt, wie viele Menschenleben habe ich gerettet, wie viele Mäuler satt gemacht, wie viele Kranke geheilt? Maler, Dichter und Denker, Könige und Fürsten ins Land der Träume und zu ungeahnten Werken angetrieben. Und, wie wird es mir hier in diesem

Land gedankt? Gar nicht! Im Gegenteil, man verbannt mich! Es gibt mich hier lediglich noch als hübsch anzuschauende Blume in Ziergärten. Wo ich doch zu so viel Größerem geschaffen bin. Ach, wo sind die weiten, großen Felder, auf denen man mich dereinst angebaut hat?«

Sie seufzte und blickte mit ihrem wunderschönen Blütengesicht frustriert und traurig zur Erde.

Du meine Güte, wie bekomme ich die Gute aus diesem Stimmungstief nur wieder heraus? »Aber Madame, es mag ja sein, dass sie hierzulande ein wenig vernachlässigt werden.«

»Ein wenig??«

Oh je, falsche Wortwahl.

»Natürlich stimme ich mit Ihnen völlig überein, dass die Behandlung und Anerkennung, die Sie in diesem Land erfahren, schändlich gering ist.«

»Wohl wahr.«

»Aber dafür gibt es viele Länder, in denen Ihr Wert geachtet und geschätzt wird. Dort gibt es sie, die riesigen Felder, auf denen Sie wachsen und kultiviert werden. Und glauben Sie nicht, dass ihre Fähigkeiten hier weniger geachtet sind. In der Medizin und auch in der Ernährung spielen Sie auch bei uns eine große Rolle.«

Madame hob das hübsche Blütengesicht und schaute mich fragend an.

»Wirklich?«, kam es leicht zweifelnd.

»Ja, wahrhaftig. Es gibt unzählige Bereiche, in denen Sie unverzichtbar sind.«

»Lassen Sie hören.«

Uff, ihre Stimmung wandelte sich von unsagbar vernachlässigt in eine Neugierde, die mit der Erwartung großer Komplimente gekoppelt schien. Na dann, mein lieber Löwenzahn, zeig mal, ob du es schaffst, dein Idol aufzumuntern.

»Indien, Afghanistan, die Türkei, Österreich und sogar die Schweiz gehören immer noch zu Ihren sehr wichtigen Anbaugebieten, Madame.«

»Stimmt es, dass man mir einen Teil meiner ach so wunderbaren Wirkstoffe weggezüchtet hat?«

Vorsicht, lieber Löwenzahn, das ist eine Fangfrage.

»Nun, Madame Mohn, es ist so: Wie Sie ja sicherlich wissen, wurden und werden Sie nicht nur Ihrer Schönheit wegen angebaut. Obwohl dies allein schon Grund genug wäre.«

Sie lächelt geschmeichelt.

»Ihre Inhaltsstoffe, die ja sowohl nährende als auch überaus heilsame Eigenschaften besitzen, sind für viele Menschen zu stark. Aus diesem Grund hat man bestimmte Aspekte ihrer Pflanze ein wenig.......« Ich suchte nach den richtigen Worten.

»Gezähmt?!«, kam es leicht pikiert von ihr.

»Nun, so könnte man es ausdrücken.«

Was sollte ich ihr denn erzählen? Dass das Morphin, welches sich in ihrem weißen Milchsaft befindet, zu einer der beliebtesten Drogen der letzten Jahrhunderte avanciert ist und unter dem schönen Namen Opium nicht nur Dichter und Denker in die absolute Abhängigkeit gebracht hat? Der Anbau von Schlafmohn hat Drogenkartelle hervorgebracht und in verschiedenen Ländern eine Kriminalitätsdichte erzeugt, dass einem nur noch schlecht werden kann. Andererseits hat derselbe Wirkstoff dafür gesorgt, dass die Medizin ungeahnte Fortschritte machen konnte. Denn unter dem schmerzstillenden und betäubenden Einfluss des Opiums wurden endlich lebensrettende Operationen und andere qualvolle Behandlungen möglich.

»Verehrte Madame Mohn, der Mensch ist leider ein schwaches Geschöpf und kann Ihren, im rechten Maß genommen, überaus hilfreichen Inhaltsstoffen, dauerhaft nicht widerstehen und übertreibt den Konsum leider allzu häufig. Die Maßnahme ist eigentlich ein Schutz der Menschen vor sich selbst.«

»Da hätte ich ihnen aber mehr zugetraut.«

»Ja, wer nicht«, stimmte ich ihr zu.

»Aber der heilende Wein, das »Laudanum«, welches der liebe Paracelsus aus mir gemacht hat, den gibt es doch noch? Schließlich war Paracelsus ein Genie!«

Das war er ohne Frage. Aber die Wissenschaft lernt ja oft aus Versuch und Irrtum. Ich dachte mir, wenn ich ihr erzähle, dass besagter Wein, das Laudanum, eine Mischung aus Wein und Opium im Verhältnis 10:1, bei Schlafstörungen, Hysterie, Unruhe und Durchfall sehr hilfreich war, aber leider genauso zu extremer Abhängigkeit und sogar zu unzähligen Todesfällen führte, da man es auch Kindern ziemlich bedenkenlos verabreichte, würde das Madames Laune bestimmt wieder schlagartig verschlechtern.

»Nun, verehrte Madame Mohn, es ist heute viel zu aufwendig, diesen Wein herzustellen. Es wurden inzwischen Methoden entwickelt, Ihre guten Wirkstoffe in kleine runde Kapseln, Tabletten und Kügelchen einzubetten. In der Homöopathie beispielsweise werden Sie so bei Schock- und Schreckzuständen, bei Schlaf- oder Bewusstlosigkeit und vielen anderen Krankheitsbildern eingesetzt.«

»So?«

»Ja, wirklich. Und in der heutigen Zeit, in der die Menschen immer gesundheitsbewusster werden, sind Ihre Talente auch in der Ernährung immer gefragter. Denn außer den Wirkstoffen, wie dem hustenstillenden Codein und dem Morphin, besitzen Sie ja noch andere wertvolle Eigenschaften. Ihr Kalziumgehalt ist mit satten 2,5% sehr hoch. Sie zählen zu den kalziumreichsten Pflanzen überhaupt! Wissen Sie, meine Liebe, der Mensch benötigt einige Ihrer Inhaltsstoffe dringend und in fast keiner anderen Pflanze sind diese so geballt vereint wie bei Ihnen. Ich darf kurz aufzählen:

Der tägliche Bedarf des Menschen an **Magnesium** beträgt ca. 350 mg, Sie besitzen stolze 330 mg/100g, Walnüsse haben dagegen nur 131 mg/100g, und der Bedarf an **Eisen** liegt bei ca. 10 – 15 mg; Sie warten mit 9,4 mg/100g auf, während Spinat nur 2,9 mg/100g enthält.

Und für den Teil der Bevölkerung, der, aus welchen Gründen auch immer, auf Fleisch und tierische Nahrungsmittel verzichtet, sind Sie eine unentbehrliche Komponente auf dem Speiseplan, denn Ihr Eiweißgehalt ist ebenfalls sehr hoch. Aus Ihnen werden wertvollste Öle gepresst, köstlichste Kuchenleckereien gebacken, Aufstriche und wärmende Milchbreie gekocht. Sogar die berühmte Hildegard von Bingen hat Sie empfohlen. *Man solle vor dem Schlafengehen einen Esslöffel Mohnsamen kauen, diese bescheren eine ruhige Nacht.* Gemahlen oder angequetscht sind Ihre kostbaren Bestandteile für die Menschen noch viel besser zu verwerten. Sie sehen also, Sie sind nicht in Vergessenheit geraten, im Gegenteil, Ihr Wirkungsfeld ist vielschichtiger und weitreichender geworden.«

»Nun, da möchte ich Ihnen ja gerne glauben schenken, mein verehrter Löwenzahn. Jetzt bin ich aber ermattet. Sie wissen ja, meine Lebenszeit ist sehr begrenzt und ich ziehe mich nun zurück.«

Sprachs und ich war entlassen. Ach, meine verehrte Madame Mohn ist in ihrer Blütenpracht unvergleichlich verführerisch. Zart und zerbrechlich wirkt sie. Man ist fasziniert und kann sich kaum von ihrem Anblick lösen. Besonders, da man weiß, wie überaus kurz die Zeit ihrer Blüte ist. Verabschieden sich die Blätter und sinken wie kleine Seidentücher sanft zur Erde, möchte man weinen im Angesicht der dahinwelkenden Schönheit. Doch kaum stirbt die Blüte, erblickt der Betrachter eine nicht minder schöne Kapselfrucht. So ungewöhnlich schön ist ihre Form und so geheimnisvoll wie wertvoll ihr Inhalt. Ach ja, ich gebe zu, ich bin ihr verfallen. Hatte ich das schon erwähnt?

»In Morpheus Arme sinken.«

Eine Redewendung, die besagt, dass der
Schlaf der kleine Bruder des Todes ist
und man diesen mit Morphium/Morpheus
schnell und leicht erreichen kann.

Der Mohn

Wie dort, gewiegt von Westen,
Des Mohnes Blüte *glänzt!*
Die Blume, die am besten
Des Traumgotts Schläfe kränzt;
Bald purpurhell, als spiele
Der Abendröte *Schein,*
Bald weiß und bleich, als fiele
Des Mondes Schimmer ein.

Zur Warnung hört ich sagen,
Daß, der im Mohne schlief,
Hinunter ward getragen
In Träume, schwer und tief;
Dem Wachen selbst geblieben
Sei irren Wahnes Spur,

Die Nahen und die Lieben
Halt' er für Schemen nur.

In meiner Tage Morgen,
Da lag auch ich einmal,
Von Blumen *ganz verborgen,*
In einem schönen Tal.
Sie dufteten so milde!
Da ward, ich fühlt es kaum,
Das Leben *mir zum Bilde,*
Das Wirkliche zum Traum.

Seitdem ist mir beständig,
Als w'r es so nur recht,
Mein Bild *der* Welt *lebendig,*
Mein Traum *nur wahr und echt;*
Die Schatten, die ich sehe,
Sie sind wie Sterne *klar.*
O Mohn *der Dichtung! wehe*
Ums Haupt *mir immerdar!*

Ludwig Uhland aus der Sammlung *Lieder* von 1829

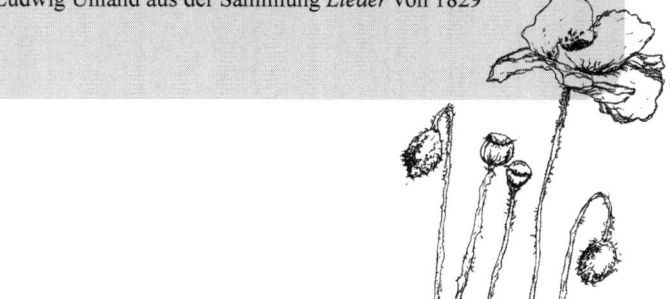

# REZEPTE ZU MOHN

🌺 Mohnaufstrich (vegetarisch/vegan)

Zutaten:

150-160 ml Milch (Hafermilch)	aufkochen
150-160 g Mohn gemahlen	in die kochende Milch geben
60-90 g Honig (Zucker)	dazu, sowie
1 Prise Salz	
abgeriebene Schale einer Orange	
1 geriebene Tonkabohne	alles 15 Minuten leicht simmern lassen. Vom Herd nehmen und
1 EL Kokosfett	sowie
30 g Semmelbrösel	unterrühren, in kleine Gläser füllen und verschließen

Schon hat man eine vegetarische Kalziumbombe als Brotaufstrich, die sowohl die Knochen als auch das Gemüt glücklich macht.

Kleiner Tipp für nächtliche Naschkatzen. Es soll sie geben, die Menschen, die nachts wach werden und wie ferngesteuert zum Schrank tapsen, um sich ein paar Löffel Schokoladenaufstrich zu gönnen und anschließend wieder zufrieden ins Bett zu fallen. Wenn Du auch zu jener Gattung Mensch gehörst, dann tausche Schokoaufstrich gegen Mohnaufstrich. Macht viel zufriedener und ist gesünder, ehrlich.

🐚 Morpheus' Kuchenglück (vegetarisch/vegan)

Mürbeteig für den Boden machen aus:

250 g Mehl

70 g Zucker

1 Prise Salz

125 g kalter Butter

1 Ei

geriebene Schale einer halben Bio-Zitrone

ca. eine Stunde kalt stellen, dann eine runde Springform damit auslegen, mit einer Gabel mehrmals einstechen und bei 175 Grad, 10 Minuten vorbacken

Füllung:

150 – 160 ml Milch	aufkochen
150 – 160 g Mohn gemahlen	zur Milch geben und 10 Min. köcheln lassen
60-90 g Honig	die nachfolgenden Zutaten mit
1 Prise Salz	unterrühren, Masse leicht
1 Ei	abkühlen lassen und auf dem
geriebene Schale einer Bio-Orange	Mürbeteigboden verteilen
Vanillepulver o. ausgekratztes Mark ½ Schote	
30 g Semmelbrösel	

Quarkguss:

400 – 500 g Quark	mit
1 geriebene Tonkabohne	und
100 g Honig	sowie

Saft einer Bio-Orange	und
3 Eigelb	schaumig rühren
3 Eiweiß steif geschlagen	und vorsichtig unterheben

Den Guss auf der Mohnmasse verteilen, Bütterflöckchen obenauf und den Kuchen bei 175 Grad ca.1 Stunde backen, auf einem Gitter in der Form auskühlen lassen.

❧ Mohnkuchen mit Holunder (vegetarisch)

Zutaten:

80 g weiche Butter	mit
1 Tasse (250ml) Zucker	schaumig rühren
2 Eier	dazu, weiterrühren, dann
1 Tasse Mehl Typ 550	mit
1 Päckchen Backpulver	und
½ TL Zimt	sieben und vermischen, ab-wechselnd mit
1 Tasse gemahlenem Mohn	unter die Buttermasse rühren
½ Tasse geröstete gehackte Haselnüsse	dazu und
½ – 1 Tasse Milch	unterrühren

Eine Form von ca. 20 x 30 cm ausfetten, und die Teigmasse einfüllen. Den Kuchen bei ca. 175 Grad 40 Minuten backen. Schön auskühlen lassen und dann einmal horizontal durchschneiden.

Füllung:

Orangenlikör	die Innenseiten damit tränken
Holundergelee	leicht erwärmen und auf der

	Fläche verteilen, beide Seiten zusammensetzten
Puderzucker	großzügig über den Kuchen sieben

🐌 Mohnklöße (vegan-köstliche Abwandlung der schlesischen Mohnklöße)

Zutaten:

200 g gemahlener Mohn	werden in
1,5 l Hafermilch (Kuhmilch)	langsam unter ständigem Rühren mit
50 g Zucker, 1 P Salz	aufgekocht
100 g Rosinen	werden einige Stunden in
Rum	getränkt
100 g Mandelblättchen	trocken in der Pfanne hell angeröstet
3 – 4 Brötchen /vom Vortag	in ca. 1 – 2 cm dicke Scheiben schneiden

Die Mohnmasse 40 Minuten unter ständigem Rühren köcheln lassen. Nach der Hälfte der Zeit die Rosinen und die Hälfte der Mandeln nach und nach dazugeben. Eine flache Form wird mit den Brötchenscheiben ausgelegt. Nun die Mohnmasse (sie sollte ziemlich flüssig sein, da das Brot viel aufsaugt, also lieber noch etwas Milch dazugeben) im Wechsel mit den Brötchen schichten. Die Mohnmasse soll die Brötchen gut bedecken. Nun die restlichen Mandeln obenauf und gut abgedeckt über Nacht im Kühlschrank durchziehen lassen. Wer mag, kann die Köstlichkeit vor dem Servieren mit Zimt-Zucker bestreuen, und schon ist die schlesische Leckerei, die es früher immer zwischen Weihnachten und Neujahr gegeben hat, fertig. Und glaubt mir, mit jedem Tag, den die Mohnklöße im Kühlschrank durchziehen, werden sie schmackhafter.

🐌 Aphrodisierendes Schoko-Mohn-Süppchen
(vegetarisch/vegan)

ohne Chili ist es ein Heiapopeia-Schlafsüppchen

Zutaten:

1 l Kuhmilch/Hafer oder Soja	mit
3 – 4 EL Zucker	und
1 P Salz	
50 g gemahlenem Mohn	langsam aufkochen lassen und mit
3 Chilischoten	und
1 ger. Tonkabohne oder Vanille	ca. 20 – 30 Minuten weiterköcheln lassen, und nicht vergessen, immer schön rühren
30 g Kartoffelstärke	mit 4 EL Milch verrühren und in die aufkochende Milch einrühren, vom Herd ziehen und
100 g dunkle ger. Schokolade	dazugeben und diese in der Milch auflösen

Hm…, da freuen sich alle Schoko-Schleckermäulchen und sind ganz glücklich, entspannt und haben Lust auf mehr. Die Schokoladensorte, die verwendet wird, ist natürlich der Köchin oder dem Koch und den Vorlieben der Gäste und Familienmitglieder völlig freigestellt.

Der tiefen-
entspannte Herr Hanf
samt Gattin

*W*o sollte ich bloß den überaus sympathischen Herrn Hanf treffen? Er wird ja in vielen Ländern der Erde angebaut und fühlt sich dank seiner robusten Natur in den verschiedensten Klimazonen schnell heimisch.

Aber bis nach Indien oder Afrika wollte ich dann doch nicht reisen. Bei China und Russland, den größten Anbauländern, war mir das erste zu weit und das zweite zu kalt. Warum in die Ferne schweifen, wenn das Gute liegt so nah, dachte ich mir und besuchte ihn hier in Deutschland. Ja, ich weiß, hier gibt es keine großen Anbauflächen mehr und der Herr Hanf genießt hier ja auch einen eher fragwürdigen Ruf. Schließlich verabredeten wir uns in einer kleinen Gartenlaube. Wie immer, wenn ich Herrn Hanf und seine überaus reizende Gattin traf, war es eine entspannte von heiterer Gelassenheit geprägte Begegnung. Bei einer schönen Tasse Tee kamen wir ins Plaudern.

»Liebe Gastgeber, wenn Sie über sich und Ihre verschiedenen Einsatzmöglichkeiten in der Menschenwelt nachdenken, welche erscheinen Ihnen dann am wichtigsten oder sinnvollsten?«

Die beiden schauten sich an und dachten eine kleine Weile über meine Frage nach.

»Das lässt sich nicht so einfach beantworten. Wissen Sie, mein lieber Herr Löwenzahn, jeder Bereich, in dem man mit uns zusammenarbeitet, bietet für den Menschen enorme Vorteile.« Herr Hanf schaute seine Frau an. Sie ergriff das Wort.

»Sehen Sie sich nur an, in welch unterschiedlichen Gebieten wir anzutreffen sind. Wir werden im Baugewerbe und der Papierherstellung genauso verarbeitet wie in der Medizin, der Textilindustrie und bei der Nahrungsmittelherstellung.«

Ich staunte nicht schlecht.

»Können Sie mir dazu ein paar Beispiele nennen?«

Herr Hanf trank noch einen Schluck Tee und begann zu erzählen.

»Zuerst einmal möchte ich eine Frage in den Raum werfen. Seit über dreitausend Jahren werden wir in den oben genannten Bereichen nachweislich erfolgreich eingesetzt. Erstaunlicherweise ist unser Einsatz im täglichen Leben der Menschen aber zurückgegangen, obwohl wir als Heil- und Nutzpflanze ganze Arbeit leisten. Wir helfen bei Krebserkrankungen, Epilepsie, Asthma, Multipler Sklerose und und und. Von allen Pflanzen ist unser Protein für den menschlichen Körper am leichtesten und effektivsten zu verwerten, unser Öl enthält unglaublich viele wertvolle ungesättigte Fettsäuren sowie das Jungbrunnenvitamin E in Massen und ist geschmacklich viel angenehmer als das ebenfalls wertvolle Leinöl. Darüber hinaus sind Kleidungsstücke, die aus unseren Fasern hergestellt werden, sehr angenehm auf der Haut, atmungsaktiv und robust. Aus uns wurden Seile, Decken, Segeltakelagen, Tragegurte für Fallschirme und Feuerwehrschläuche produziert. In der Bauindustrie hat sich gezeigt, dass wir ein sehr gutes Dämmverhalten besitzen und im Vergleich zu anderen Materialien umweltschonend sind, ein gesundes Raumklima fördern und beim Rückbau auch wiederverwendet werden können. Lieber Herr Löwenzahn, können Sie mir sagen, wieso wir bei diesen zahlreichen, wirklich guten Eigenschaften nicht ganz oben auf der Liste der meist angebauten Nutzpflanzen stehen?«

Er seufzte, lehnte sich zurück und nahm seine Teetasse. Nun schaltete sich Frau Hanf ein.

»Da verlangst Du vielleicht ein wenig viel von unserem Gast. Aber es stimmt schon, ganz begreifen kann man es nicht. Die Menschen haben hierzulande das Jahr 2015 doch zum Jahr des Bodens erklärt oder nicht? Sie haben also begriffen, dass mit ihren bisherigen Anbauweisen auf den Feldern irgendetwas nicht so ganz stimmen kann. Wir haben gehört, dass die Bienenbestände zurückgehen und Schmetterlinge und viele andere Insekten und Kleinlebewesen in arge Bedrängnis geraten sind. Auch mit dem Grundwasser und der Pflanzenvielfalt soll es nicht zum Besten stehen. Da kann man sich dann schon die Frage stellen, warum wir als wirklich äußerst robuste Naturen, die anspruchslos wachsen, den Boden verbessern und fast keine Schädlingsbekämpfungsmittel benötigen, so von den Menschen ignoriert werden?«

Eine wirklich gute Frage. In all den oben genannten Bereichen kann der Hanf fast ganz ohne Zusatzstoffe das, was andere Rohstoffe wie Baumwolle oder Holz nur unter großem Einsatz von Chemie, Kunstdünger und Pestiziden erreichen. Soll ich den beiden sagen, dass große Chemie- und Energiekonzerne auf der ganzen Welt und auch die Pharmaindustrie vor Jahrzehnten gezielte Kampagnen gegen Hanf gestartet haben, da ihnen klar war, mit dieser Pflanze haben sie einen Konkurrenten auf den Feldern, mit dem kein Geld zu verdienen ist?

»Ich glaube, eine große Anzahl der Menschen ist wieder kritischer geworden und nimmt nicht mehr alles so einfach hin wie noch vor ein paar Jahren. Sie werden selbstbewusster und fangen an zu begreifen, dass jeder Einzelne von ihnen in der Lage ist, etwas zu verändern. Mehr und mehr von ihnen protestieren gegen die schlechte Behandlung der Umwelt und die Macht einiger weniger Konzerne, die das Weltgeschehen kontrollieren. Zuerst wurden sie belächelt. Aber mittlerweile begreifen Regierungen und Industrie, dass sich in der breiten Masse etwas bewegt. Der Normalbürger beginnt beispielsweise, seine Energie selbst zu produzieren, statt von Energiekonzernen abhängig zu sein. Ganze Ortschaften haben Konzepte entwickelt und umgesetzt, durch die sie unabhängig von den großen Energieanbietern sind.

Die Gesellschaft löst Probleme immer häufiger ohne »die da oben«, indem sie Solidargemeinschaften bildet und eigene Lösungsmodelle für energetische und soziale Schwierigkeiten entwickelt. Genau das fürchten die Mächtigen. Doch aufzuhalten ist dieser Prozess nicht mehr, da bin ich mir sicher. Es scheint fast, als würden die Menschen langsam aus einem Dornröschenschlaf erwachen und endlich begreifen, dass das IHR Leben ist und sie es selber in der Hand haben, wie sie es gestalten und mit welcher Qualität sie es füllen möchten.«

Herr und Frau Hanf schauten mich nachdenklich an, als würden sie abwägen, ob man diesen optimistischen Ausführungen Glauben schenken kann.

»Wünschenswert, dass sich das alles bestätigt, nicht wahr, mein Lieber?« Frau Hanf schaute ihren Mann an.

»Das stimmt. Wir sind hier aber nicht so nett zusammengekommen, um uns den Pflanzenkopf über die menschlichen Schwächen und Stärken zu zerbrechen, nicht wahr liebe Pusteblume? Gehen wir doch nun zum gemütlichen Teil des Tages über. Ich habe da ein paar neue und, wie ich bemerken darf, sehr wohlschmeckende Kekse und andere Leckereien, die wir unbedingt probieren sollten.«

Damit war die offizielle Unterredung beendet, und wie immer, wenn ich bei den beiden war, saßen wir noch lagen zusammen, aßen und tranken, philosophierten und probierten.

Der Hanf in Notzeiten

Wie so oft in der Geschichte der Menschen, besinnen sie sich, wenn die Not am größten ist, auf Altbewährtes. Besonders in Kriegszeiten, wenn Rohstoffe knapp und unbezahlbar werden. Etwa im sogenannten Steckrüben- oder Kohlrübenwinter 1916/17. Der damaligen Hungersnot in Deutschland, ausgelöst durch den Krieg und Handelsembargos, versuchte man u.a. mit Nahrungsmittelrationierungen entgegenzutreten. Weil zudem die Kartoffelernte ausgefallen war, musste die Bevölkerung auf Rüben zurückgreifen. Konrad Adenauer, der zu dieser Zeit Beigeordneter des Stadtrates von Köln war, gab beispielsweise Ersatzlebensmittel, wie das »Kölner Stadtbrot« aus Reis- und Gerstenmehl in Auftrag. Das 1916 gegründete Kriegsernährungsamt (später Reichsernährungsamt) stellte die Verteilung der Lebensmittel an die Bevölkerung sicher. Im Zweiten Weltkrieg besann man sich wieder der alten robusten Nutzpflanze Hanf, wie dieser Auszug aus dem Reichsnährstand zeigt:

Redewendungen und Reime zu Hanf

»Wer Hanf heut baut mit fleiß´ger Hand,
hilft selbst sich und dem Vaterland.«

Ein jeder, der heut Hanfbau treibt,
nie auf den Stengeln sitzen bleibt,
weil Hanf zu aller Nutz und Frommen
wird einem jedem abgenommen.

Wie´s nach der Ordnung sich gebührt,
Ist auch ein Festpreis garantiert,
wobei die gute Qualität
auch höher noch im Preise steht.
Drum soll ein jeder danach sinnen,
nur beste Zahler zu gewinnen!

So bringt der Hanf, der groß und stark,
viel Rohstoff uns und manche Mark!

Die Pflege
Kaum sind drei Wochen erst verflossen,
ist schon der Acker dicht geschlossen,
und was das Feld an Unkraut birgt,
wird durch den Hanf schnell abgewürgt.
Drum ist auch auf des Moores Land
die Pflegearbeit kaum bekannt.

Baut man Hanf auf bind`gen Boden
Soll hacken man und Unkraut roden,
doch rühre man hier schnell die Hände,
sonst sind zu groß schon die Bestände.
Nach Hanf fühlt, frei von allen Sorgen,
Getreide sich recht wohl und geborgen.

Auch Hackfrucht, die dem Hanf folgt nach,
bringt hohe Ernte, allgemach.
Kurz, jede Saat in Hanfes Feld,
bringt reiche Ernten, reiches Geld!

Und eines noch, was nicht alltäglich:
Hanf ist auch mit sich selbst verträglich;
wenn man auf gleichem Feld ihn bringt,
sein Anbau dennoch gut gelingt.

Herausgegeben von Reichsnährstand Berlin 1943

Es wäre wünschenswert, wenn diese herausragende Pflanze mit den unschlagbaren Eigenschaften auch ohne Not wieder in unser Bewusstsein und auf die Felder kommen würde.

REZEPTE ZU HANF

&❧ Hanf-Mango-Joghurt (vegetarisch)
»Hanf am Morgen vertreibt Kummer und Sorgen«

Zutaten:

½ geschälte Mango	in Würfel schneiden
200 g Naturjoghurt	mit
1 EL Limettensaft	und
Honig nach Geschmack	verrühren
2 EL Hanfsamen	in trockener Pfanne leicht anrösten

Nun den Hanf und die Mango mit dem Joghurt vermischen und der Tag ist dein Freund.

&❧ Hanf-Müsli (vegan)

Zutaten:

½ Banane	schälen und in Scheiben schneiden
1 Apfel	entkernen und in Würfel schneiden
1 EL Haferflocken	
1 EL Hirseflocken	
2 EL Hanfsamen	in trockener Pfanne rösten

¼ l Hafermilch

alle Zutaten mischen und mit
Zucker oder Agavendicksaft
nach Geschmack süßen

❧ Hanfpanade (vegan)

Zutaten:

4 EL Hanfmehl   mit

4 EL Lupinenmehl   mischen

½ TL schwarzer Pfeffer

½ TL Kurkuma

½ TL Galgant   alles gut mischen

So erhält man eine sehr eiweißreiche Panade, mit der man Kohlrabi-schnitzel ebenso gut panieren kann wie ein Schweineschnitzel. Sie passt auch sehr gut zu Fisch oder Geflügel.

❧ Wilde Kräutertaschen mit gerösteten Hanfsamen (vegetarisch/vegan)

Einen Hefeteig herstellen aus:

250 g Weizenmehl Typ 550

250 g Weizenmehl Typ 1050

1 Würfel Hefe

1 P Salz

1/8 l Olivenöl

1 TL Honig oder Zucker

ca. 300 ml lauwarmes Wasser

Füllung:

1 – 2 gewürfelte Tomaten	
1 gewürfelte Zwiebel	alle Zutaten mischen
frischer Thymian	
Dost (wilder Oregano)	
Salz und Pfeffer gemischt	
frische Basilikumblätter	
50 g gehobelter Parmesan	für Veganer ohne Käse

In einer Pfanne nun noch:

2 EL Hanfsamen	leicht anrösten und anschließend mahlen

Den Hefeteig ausrollen und Kreise ausstechen, die einen Durchmesser von ca. 15 cm haben sollten. Die Ränder mit Wasser bepinseln. Die Füllung immer nur auf eine Hälfte legen, da die Taschen später zusammengeklappt werden. Basilikumblätter und Parmesan obenauf, danach die Hanfsamen darüber geben und mit Olivenöl beträufeln.

Nun den Teig wie Apfeltaschen zusammenklappen, die Ränder werden mit den Zacken einer Gabel angedrückt. Auf ein Backblech legen und bei 200 Grad ca. 15 Minuten backen.

👋 Kraftpakete (vegan)

Zutaten:

1 Tasse gemahl. Mohn (200 ml)	werden mit
200 ml Kokosmilch	und
1 P Salz	10 Minuten gekocht, vom Herd nehmen

1 Tasse Großblatt-Haferflocken	in trockener Pfanne leicht anrösten
½ Tasse Hanfsamen	in trockener Pfanne leicht anrösten
1 Tasse Nüsse (nach Wahl)	grob gehackt
Geriebene Schale und Saft einer Bio-Orange	dazu
3 EL Kokosfett	in dem Mohn auflösen
½ TL Zimt	und
3 – 4 EL Süßlupinenmehl	unterrühren, wenn die Mohnmasse lauwarm ist
100 – 150 g dunkle Kuvertüre	nach Vorschrift auflösen

Wenn die Mohnmasse nur noch lauwarm ist, werden die übrigen Zutaten untergeknetet. Die Masse dann auf ein gefettetes Backblech streichen und bei 180 Grad ca. 25 Minuten backen. Nach dem Auskühlen in Rauten schneiden und die Ecken in die dunkle Kuvertüre tauchen.

Diese Kraftpakete eignen sich für Sportler ebenso wie für Veganer oder Menschen, die nach einer Krankheitsphase wieder auf die Beine kommen wollen. Älteren Personen seien sie auch wärmsten empfohlen, da in ihnen sehr konzentriert eine Menge guter Dinge schlummern. Lupinenmehl und Hanfsamen sind hervorragende Eiweißlieferanten, und mit dem Mohn und den Nüssen bekommen die Knochen und die Nerven wertvolle Unterstützung in Form von Eisen, Magnesium und Kalzium. Also dann, lasst es euch gut schmecken.

🌿 Hanfkekse mit Ingwer (vegetarisch)

<u>Einen Mürbeteig herstellen aus:</u>

150 g Weizenmehl Typ 550

1TL Backpulver

50 Hanfmehl

1Ei

100 g Butter

80 g Rohrohrzucker

1 P Salz

1 Msp gemahlene Nelken

1 Msp gemahlener Kardamom

2 cm fein geriebener frischer Ingwer

Den Teig mindestens zwei Stunden kalt stellen. Nun zu einer Rolle formen und in ca. ein Zentimeter dicke Scheiben schneiden. Diese auf ein Backblech legen und mit einer Gabel über Kreuz Muster hinein drücken. Nun mit Wasser bestreichen und mit

2 EL Hanfsamen bestreuen

Die Kekse bei ca. 175 Grad 10 – 12 Minuten backen. Wenn sie abgekühlt sind, werden sie zur Hälfte in

200 g aufgelöste dunkle Kuvertüre getaucht.

Die zauberhafte
Frau Hasel

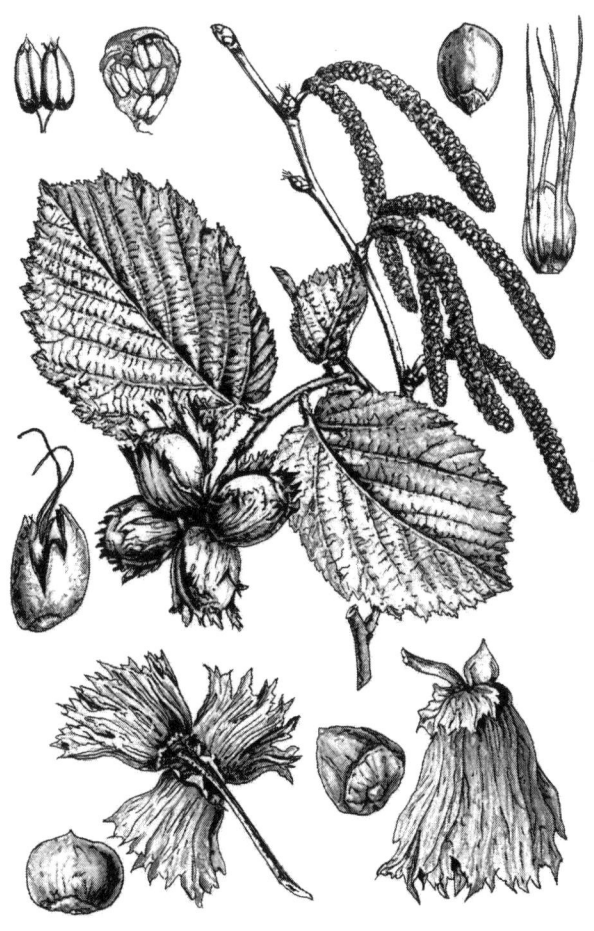

*W*ie sehr freue ich mich auf das Treffen mit Frau Hasel. Sobald man ihr Reich betritt, kommt man sich wie im Märchen vor. Zu beschreiben, warum das so ist … eine schwierige Aufgabe. Es fühlt sich so an, als wäre man in eine ganz besondere Art von Vakuum geraten. Das normale Zeitgeschehen scheint plötzlich nicht mehr existent und ist auch gar nicht mehr wichtig. Ein leichter glitzernder Staub liegt in der Luft, und manchmal höre ich sie auch kichern. Zu sehen bekommt man die kleinen Lichtgestalten selten. Die Menschen nennen sie Feen. Besonders gerne halten sie sich in den Haselsträuchern auf, die an den Rändern von Laubmischwäldern wachsen. Eine besondere Vorliebe scheinen sie auch für Buchen zu haben. Es ist eine lichte, fröhliche und lebhafte Atmosphäre, die Frau Hasel stets umgibt, einfach zauberhaft.

»Wie schön, dich wieder einmal zu sehen, lieber Löwenzahn. Wie geht es denn zu da draußen auf den Wiesen und Äckern? Lässt du es dir gut gehen?«

Ja, das war meine liebe Frau Hasel. Lebte wirklich in einer eigenen Welt, obgleich sie doch für uns alle sichtbar im Hier und Jetzt steht, scheint sie vieles, was um sie herum wächst und geschieht, gar nicht wahrzunehmen. Sie ist aber immer zu einem netten Gespräch bereit, wenn man sich ihr ruhig und aufrichtig nähert. Und oft stellt man dann fest, dass die Gute viel mehr weiß, als es den Anschein hat.

»Besten Dank der Nachfrage. Ja, mir geht es sehr gut. Und die Welt da draußen, ein stetes Auf und Ab. Manches wendet sich zum Besseren, anderes …, aber lassen wir das. Mein Besuch bei Ihnen hat außer einem freundschaftlichen auch noch einen anderen Zweck, wissen Sie.«

Ich hörte es leise kichern in ihren Blättern.

»Ja, natürlich weiß ich das. Auch wenn ich hier ganz für mich bin, so bekomme ich doch vieles berichtet über die Dinge, die vor sich gehen. Dich hat man geschickt, um Auskünfte über mich einzuholen. Welchem Zweck sollen diese denn dienen?«

»Ihre überaus wertvollen und segensreichen Eigenschaften sollen in einem Buch verewigt werden. Gemeinsam mit anderen nutzbringenden und heilsamen Pflanzen sollen Sie dadurch wieder ins Gedächtnis der Menschen gerückt werden.«

»Aber das müssten die Menschen doch längst wissen. Überleg doch mal, lieber Löwenzahn, wie lange es mich schon gibt. Ich habe die letzte Eiszeit lässig überlebt, und die ist viele, viele tausend Jahre her. Und vor gut zehntausend Jahren waren es nicht die Eichen und Buchen, die hier überwiegend gewachsen sind. Nein, das waren wir, die Haelsträucher. Wir wurden teilweise so groß wie Bäume und haben diesen Kontinent dominiert.«

»Liebe Frau Hasel, ich befürchte stark, dass das Langzeitgedächtnis der Menschen bei weitem nicht so gut funktioniert wie das Eure.«

»Du glaubst wirklich, die Menschen wüssten das nicht mehr? Und wie ist es mit dem Wissen um meine magischen und wunscherfüllenden Fähigkeiten? Um meine wertvollen Nüsse, die nicht nur gut zu lagern sind und vielen Tieren im Winter das Überleben sichern, sondern auch schon immer für die Völker der Welt als Nahrung dienten und oftmals bei Ritualen eingesetzt wurden? Es kann doch nicht angehen, dass dies in Vergessenheit geraten ist?«

»Leider doch. Ein sehr großer Teil der Menschen kennt Euch im besten Fall als eine Zutat im sogenannten Studentenfutter, als unglaublich süßen Brotaufstrich oder aus dem Märchen – *Drei* Nüsse für Aschenputtel. So leid es mir tut. Genau aus diesem Grund bin ich ja hier.«

Sie raschelte ein wenig verstört mit den Ästen, und ich hörte ein empörtes Raunen, das ich den Feen oder Waldgnomen zuordnete. Obwohl, nein die Waldgnome sind nicht so zaghaft in ihren Äußerungen. Wenn die etwas stört, bekommt man es gleich zu spüren. Ihr glaubt, ihr seid im Wald über eine Wurzel gestolpert oder der Wind hätte den Ast auf euch herunter geweht? Ha, da kann ich nur herzhaft lachen. Ihr könnt ja gerne in diesem Glauben bleiben, wenn es euch beruhigt. Ich und auch Frau Hasel und die anderen hier wissen es besser. Wenn die Waldgnome sauer sind oder einfach nur Langeweile haben, ärgern sie mit Vorliebe Spaziergänger. Den meisten Spaß haben sie damit, die Jäger in den Wahnsinn zu treiben. Gerade, wenn die ein Wild schießen wollen … krach … fällt selbst bei völliger Windstille plötzlich irgendwo ein Ast mit lauten Getöse auf den Weg, und schon ist der Bock oder das Reh weg. Zurück bleibt ein fluchender Jäger und die sich ins Fäustchen lachenden Gnome. Aber ich schweife zu sehr ab.

»Na, die Geschichte mit Aschenputtel ist doch gar nicht so schlecht«, überlegte Frau Hasel. »Der Grundgedanke stimmt ja.«

»Wie meint Ihr das denn?«

»Na, was ist denn die Botschaft dieses Märchens?«

Dass Stiefmütter böse sind, Väter besser verwitwet bleiben sollten; dass Tauben in Wirklichkeit nicht als Erbsenzähler zu gebrauchen sind, Aschenputtel eine bessere Ausbildung verdient hätte und dadurch keinen Prinzen benötigen würde, sondern ganz prima die Nachfolge ihres Vaters alleine bewältigen könnte … Mir fallen da jede Menge Botschaften ein. Aber ich glaube, meine zauberhafte Frau Hasel wollte auf etwas anderes hinaus.

»Nein, ich glaube, die richtige Botschaft will mir nicht in den Sinn kommen«, sagte ich zögernd.

»Die Menschen haben im Laufe der Zeit ja schon viel in das Märchen hineininterpretiert. Was und wie war denn Aschenputtel in der Geschichte? Sie war zwar von Stiefmutter und Stiefschwestern dazu verdammt, niedere Arbeiten zu verrichten, blieb sich aber immer selbst treu, eine freiheitsliebende, positive Natur, die sich ihre Nischen bewahrte, in denen sie ihre Persönlichkeit ausleben konnte. Riskierte auch gerne Ärger, wenn es um ihre Belange ging, scheute keine Auseinandersetzung, war mutig, lebendig, naturverbunden und liebte das Leben. Diese Eigenschaften schätzte man an Frauen, zu dieser Zeit nicht besonders. Auch ich bin von jeher ein Symbol für Lebensfreude, Fruchtbarkeit, Wunscherfüllung und frei gelebte Liebe. Gleichzeitig wurde ich für Abwehr- und Schutzzauber eingesetzt. Dies sind, so wurde mir erzählt, die Gründe, warum mich eine gewisse Hildegard von Bingen nie wirkliche akzeptiert hat. Obgleich ich doch durch meine hochdosierten gesunden Inhaltsstoffe, wie Magnesium, Eisen und Vitamin E und B1 dem Menschen bei so vielen Beschwerden helfe. Meine Nüsse stärken das Herz und den Kreislauf, und bei regelmäßigem Verzehr soll ich sogar Krebs und Herzinfarkten vorbeugen. Das in mir enthaltene Magnesium wirkt gegen Muskelkrämpfe und stärkt die Nerven der Menschen. Meine Äste leisten hervorragende Dienste als Wünschelruten, da sie gute Energieleiter sind. Darüber hinaus bin ich ein sehr wirksames Aphrodisiakum. Ach ja, das war ja das Grundproblem in der Zeit der Christianisierung; nicht nur ich, auch andere Pflanzen hatten darunter zu leiden.«

Sie seufzte kurz und blickte nachdenklich in den Wald hinein.

»Ich möchte noch einmal kurz auf das Märchen zurückkommen. Was ist denn nun die Botschaft?«

»Ach ja, natürlich.« Ihre Zweige raschelten und es hörte sich für mich an, als würde sie tief durchatmen.

»Bleib dir selber treu, liebe, was du tust und tue, was du liebst, ohne anderen bewusst zu schaden. Und bewahre dir immer deinen Humor und deine Würde.

Dies ist für mich die Botschaft dieser Geschichte. Genauso bin ich als Haselstrauch mit meiner gesamten Pflanzenenergie zu verstehen.«

»Das sind wunderbar klare Worte. Ich danke für das erhellende Gespräch.«

Plumps, da fiel mir etwas vor die Füße. Ich beugte mich vor, und da lag ein kleiner Zweig mit drei perfekten Haselnüssen daran. Wieder hörte ich dieses Kichern.

»Hier mein lieber Löwenzahn, dies ist ein kleines Geschenk. Und du weißt ja, wie es geht, das mit dem Wünschen?«

Also als Löwenzahnpflanze bekommt man nicht wirklich häufig die Gelegenheit, sich etwas zu wünschen. Zu Beginn des Frühjahres wünscht man sich milde Temperaturen und dass der Schnee nicht wiederkommen möge. Im Sommer wünscht man sich, dass die Menschen mit dem Mähen der Wiese solange warten, bis wir unsere Samen in alle Himmelsrichtungen verteilt haben. Aber ansonsten?

»Ehrlich gesagt, muss ich passen. Der richtige Umgang mit dem Wünschen ist mir nicht geläufig.«

»Mach dir keine Sorgen. Da bist du bei weitem nicht der Einzige und es liegt nicht daran, dass du eine Pflanze bist. Selbst die Menschen wünschen sich nach all den Jahrhunderten oftmals noch Dinge, über die ich nur staunen kann. Am meisten wundere ich mich dann über ihre Reaktion, wenn sich die Wünsche erfüllen. Du kannst dir nicht vorstellen, was ich da schon erlebt habe. Und nicht nur ich, frag bei den Waldelfen, den Bachnixen oder dem Holunder nach. Sie alle haben schon die erstaunlichsten Reaktionen auf erfüllte Wünsche zu hören und sehen bekommen.«

»Ja, freut sich denn nicht ein jeder, wenn sich Wünsche erfüllen?«

»Oh nein, was sind wir schon verflucht worden. Und es passiert meist bei den klassischen Wünschen.«

»Was habe ich denn unter klassischen Wünschen zu verstehen?«

»Nun, bei den Menschen sind das immer Dinge wie Liebe, Geld

und Erfolg. Letztendlich reduzieren sich fast alle ihre Wünsche auf diese drei Bereiche. Außer, jemand leidet an einer Krankheit, dann ist selbstredend Gesundheit der Hauptwunsch.«

»Wenn sich die Wünsche aus den drei Hauptkategorien erfüllen, was gibt es dann zu meckern?« Ich konnte es nicht verstehen.

»Oh, wo fange ich denn da an? Der Mann, der sich eine treusorgende Partnerin gewünscht hat, kommt spätestens nach einem halben Jahr, um sich zu beschweren, sie sei ja treusorgend, aber nicht gerade aufregend. Und die Frau, die wunschgemäß eine berufliche Karriere bekommen hat, klagt bei mir nach spätestens sechs Monaten, dass dieser Druck ja nicht zum Aushalten sei, sie hätte jetzt kaum noch Zeit für ihre Familie und ihre Hobbys, und überhaupt, diese ganze Verantwortung ... Und dann ist da der Klassiker, die Familie, die zu einem plötzlichem Geldsegen gekommen ist, beschwert sich immer wieder gerne bei mir, dass es ja unverschämt ist, wie viele Menschen plötzlich etwas von ihnen wollen, dass man ja gar nicht mehr wüsste, wer es ehrlich meinte und wer es nur auf ihr Geld abgesehen hätte.«

Da wurde ich erst einmal ganz schön nachdenklich. Es klingt doch immer so verlockend und so einfach. Die Fee oder der Haselstrauch oder wer auch immer schenkt einem drei Wünsche und schwupps, ist das Leben einfach und schön, und sie lebten glücklich bis an ihr Ende. Das war immer meine Vorstellung. Wenn ich mir den Bericht vom Haselstrauch anhöre, bekomme ich aber starke Zweifel, ob es überhaupt möglich ist, sich das Richtige zu wünschen. Je länger ich darüber nachdenke, desto mehr Dinge fallen mir ein, die zu beachten sind und die schief gehen können. Mann oh Mann, wer hätte gedacht, dass sich das Wünschen zu einem so komplizierten Akt entwickeln könnte.

»Lieber Löwenzahn, es ist gar nicht nötig, sich gleich hier zu entscheiden. Du kannst die Wünsche jederzeit einfordern, solange du die Nüsse hast. Es gibt kein Verfallsdatum.«

Gut zu wissen. Ich glaube, dieses Wünscheproblem werde ich mal mit der Brennnessel besprechen. Wir kennen uns schon seit Urzeiten, und wenn mir jemand einen guten Ratschlag bei diesem verzwickten Thema geben kann, ist es die gute alte Brennnessel »Ja, dann bedanke ich mich recht herzlich für das erhellende Gespräch und die Möglichkeit der Wünsche.«

»Ich danke dir ebenfalls für diese nette Unterhaltung, und möge die Hollermacht dich immer begleiten.«

Der alte Segensspruch des Holunderstrauches. Lange hatte ich ihn niemanden mehr sagen hören. Früher war dies die übliche Verabschiedung. Es tat mir durch und durch gut, ihn von Frau Hasel zu hören. Und so ging ich beschenkt und gesegnet zurück, begleitet von dem herrlich zarten Gekicher des Lichtvolkes.

Redewendungen mit der Haselnuss

»In die Haseln gehen«
Jemand hat eine heimliche erotische Verabredung.
Der Ursprung liegt wohl darin,
dass man sich hinter dem dichten Haselstrauch gut verstecken kann.

»Viel Hasel, viel Kinder ohne Vater«

»Der ist aus einer Haselstaude entsprungen«
Diese beiden Redewendungen zielen wohl darauf ab,
dass diese Verabredung nicht folgenlos blieb.

Weitere Informationen

Der Weiser-Stab von Gerichts- und Forsthoheit bestand aus Haselholz.

Dem Strauch wurden auch abwehrende Eigenschaften zugesprochen: Mit einem Haselzweig sollte man sich Schlangen und Hexen erwehren können. Wahrscheinlich mit ein Grund, warum sich Aschenputtel eine Haselgerte für das Grab ihrer Mutter gewünscht hat.

Frau Hasel wurde wie Frau Holler von den Germanen sehr verehrt, und ihr wurden viele mächtige Zauberkräfte zugesprochen. Zumindest aus germanischer Zeit ist überliefert, dass die »Frau Haselin« deshalb nicht gefällt werden durfte. Fremde durften von Haselsträuchern nicht mehr als eine Handvoll Nüsse nehmen.

Lustiges mit der Haselnuss

*Ein Geschäftsmann sitzt im Zug mit einem alten Mütterchen im
gleichen Abteil. Da zieht die Oma einen Beutel mit Haselnüssen
aus der Tasche und bietet dem Geschäftsmann welche an.
Der greift natürlich gern zu und isst ein paar.
So geht das mehrere Tage.*

*Nach einer Woche sagt der Geschäftsmann: »Ich kann doch
nicht Ihre ganzen Nüsse essen. Sie haben doch sicher nur
eine kleine Rente. Wo haben Sie denn die Nüsse
immer her?«*

*Darauf antwortet die Oma: »Ach wissen Sie, ich esse ja dieses
Toffifee für mein Leben gern, mit dieser Schokolade und dem
Karamell. Nur die Nüsse darin, die kann ich einfach
nicht mehr beißen.«*

REZEPTE ZUR HASEL

❧ Nervennahrung (vegan)

Zutaten:

1 Teil Haselnüsse	in trockener Pfanne geröstet
1 Teil Rosinen	
1 Teil Mandeln	in trockener Pfanne geröstet
1 Teil getrocknete Waldbeeren	

Die Zutaten miteinander vermischen und schon ist die Notfallration für den kleinen Hunger zwischendurch fertig, die außerdem noch die Hirnsynapsen zum Tanzen bringt.

❧ Haselmus (vegan)

Zutaten:

250 g Haselnüsse	in trockener Pfanne anrösten, dann grob hacken
50 g Kokosfett	mit
50 g Rohrohrzucker	schmelzen, die Nüsse dazu geben
1 Msp	Zimt dazu

Die Masse dann mit einem leistungsstarken Pürierstab zu Mus verarbeiten, und fertig ist ein köstlicher Brotaufstrich für kleine und große Süßmäuler. Wer einen Nusszopf backen möchte, sollte dieses Mus als Füllung ausprobieren.

🐿️ Haselkuchen (vegetarisch)

Man stelle einen Rührteig her aus:

250 g Butter

250 g Weizenmehl Typ 550

250 g Weizenmehl Typ 1050

250 g Rohrohrzucker

6 Eiern

1/8 l Rum

Milch   so viel bis ein zäher Teig entsteht

Mark einer Vanilleschote

1 TL Zimt

1 P Salz

100 g geröstete, grob gehackte Haselnüsse

Den Teig füllt man in eine gefettete runde Kuchenform und backt ihn ca. 60 Minuten bei 175 Grad.

🐿️ Haselecken (vegetarisch/vegan)

Einen Mürbeteig kneten aus:

100 g Rohrohrzucker

200 g Butter/Pflanzenmargarine

300 g Mehl Typ 550

1 Ei oder 1/8 l Weißwein

1 P Salz, 1 Päckchen Vanillezucker

oder 1 geriebene Tonkabohne

Diesen Mürbeteig gut verschlossen ca. 2 Stunden kühl stellen.

Belag:

200 g Holundergelee	glatt rühren
400 g Haselnüsse	in trockener Pfanne anrösten
200 g Butter/Pflanzenmargarine	mit
200 g braunem Zucker	unter ständigem Rühren in einem Topf schmelzen lassen, dann noch
3 EL Amaretto	und
1 TL Zimt	dazu, gut umrühren

Nun den Mürbeteig ausrollen. Die Menge ist ausreichend für ein halbes Backblech. Der Boden wird mit dem Holundergelee bestrichen. Die Butter-Zucker-Masse zügig mit den Nüssen verrühren und gleichmäßig auf dem Boden verteilen. Bei 175 Grad ca. 35 Minuten backen. Mehrere Stunden oder über Nacht auskühlen lassen, in Dreiecke oder Rauten schneiden und dann die Ecken in dunkle Schokolade tauchen.

WARNHINWEIS: Seid wachsam, bevor ihr die ersten probiert, und euch darüber im Klaren, dass diese Haselecken zu einer extremen Form der Haselnusseckenabhängigkeit führen können!!! Danach werdet ihr an nichts anderes mehr denken können und wollt nur noch diese und keine anderen Ecken mehr kosten. Völlig egal, was euer Zahnarzt, euer BMI oder der Fitnesstrainer sagen. Aber lasst sie ruhig reden. Diese Haselecken mögen ja ein paar kräftige Kalorien aufzuweisen haben, aber sie machen so unglaublich glücklich.

———————

ఠ౿ Wunschlikör (vegan)

Zutaten:

500 g Haselnüsse   in einer trockenen Pfanne leicht
anrösten

500 g brauner Kandis

2 Tonkabohnen   (ersatzweise 1 Zimtstange und
das Mark einer Vanilleschote)

*1 geriebene Schale von einer
Bio-Orange*

2 Flaschen Wodka

Die abgekühlten Nüsse werden mit den übrigen Zutaten in ein ausreichend großes Behältnis gegeben und mit Wodka aufgefüllt. Nun gut verschlossen an einem dunklen Platz zwei Monde lang ziehen lassen. Danach den Likör durch einen Kaffeefilter abseihen. Auch wenn es schwerfällt, sollte die Köstlichkeit noch drei weitere Monate ziehen. Erst dann hat sie ihr vollständiges Wunscharoma entfaltet. Die Wartezeit versüßt man sich mit den Nüssen, die, auf Eis und in einem Kuchen, schon einmal einen kleinen Vorgeschmack auf den Likör geben.

Damit der Wunschlikör auch wirken kann, gehe man folgendermaßen vor: Man schenke sich ein Gläschen ein, konzentriere sich auf den Wunsch, den man erfüllt haben möchte und spreche die Worte (laut oder in Gedanken):

> Haselstrauch, ach Haselstrauch,
> gib mir diesen Wunsch heraus.
> Zufrieden werd ich damit sein,
> das schwöre ich bei Strauch und Stein.

Die warmherzige Frau Hafer

*S*ucht man eine Pflanze, die bescheiden ist und doch Großartiges vollbringen kann, die unauffällig im Wuchs, jedoch ungeahnt kraftvoll in ihrer Wirkungsweise ist, dann wäre Frau Hafer unter den Top Ten zu finden.

Durch und durch zurückhaltend, drängt sie sich nie in die erste Reihe. Sie beschwert sich auch nicht, wie so manches andere Kraut lauthals, dass ihre Vorherrschaft als wichtigstes Grundnahrungsmittel seit vielen Jahren in Vergessenheit geraten ist. Nein, sie ist einfach immer dann zur Stelle, wenn sie gebraucht wird. Sie wärmt, nährt, heilt und tröstet. Für mich ist sie die große Mutter unter den Getreiden. Für jeden ein offenes Ohr und bei fast allen Wehwehchen kann sie helfen. Sie ist schon erstaunlich. Bei einem unserer Treffen sagte sie mir, als ich sie auf den Rückgang ihrer Anbauflächen ansprach:

«Du musst dir keine Sorgen um mich machen. Wenn die Menschen mich brauchen, erinnern sie sich auch wieder an mich. Leider muss es ihnen oft erst schlecht ergehen, damit dies passiert.»

»Aber es ist doch unfair. Das mit der Brennnessel oder meiner Wenigkeit so verfahren wird, verwundert ja nicht wirklich. Sind wir in den Augen der meisten Menschen doch lediglich lästiges Unkraut, das es auszumerzen gilt. Aber Ihr, liebe Frau Hafer, habt doch wahrlich ein besseres Schicksal und größere Anerkennung verdient«, entrüstete ich mich.

»Nicht so stürmisch, guter alter Löwenzahn. Ganz so schlimm ist es nicht bestellt um Euch wilde Pflanzen. Eine neue Bezeichnung ist mir zu Ohren gekommen, die man Euch und Euren Verwandten gegeben hat. Nachdem immer mehr Menschen eure Qualitäten wieder zu schätzen beginnen und dies auch in der Öffentlichkeit propagieren, wurde Euch zuerst der Name Wildkraut statt Unkraut gegeben und seit kurzem sogar die Steigerung, die Bezeichnung »KULTURBE-GLEITPFLANZE« verliehen. Was sagt Ihr dazu?«

Na, da staunte ich nicht schlecht. Kulturbegleitpflanze, klingt ja richtig wichtig. Ich dachte einen Moment lang darüber nach. Aber nein, zurück zum Anfang, schalt ich mich in Gedanken. Frau Hafer war der Grund, warum ich hier war. Über neue Bezeichnungen, die man uns wild lebenden Pflanzen verleiht, werde ich mich später mit meiner Freundin, der Brennnessel unterhalten.

»Inwiefern muss es den Menschen erst schlecht ergehen, damit sie Euch wieder schätzen lernen?«, wollte ich von Frau Hafer wissen.

»Nun, es gibt zwei Arten. Obwohl, das ist nicht richtig, natürlich gibt es viele Arten und Situationen, in denen es der Menschheit nicht gut gehen kann. Im Zusammenhang mit mir und auch mit euch Wildpflanzen habe ich da jedoch zwei Grundsituationen immer und immer wieder erlebt, in denen der Mensch sich auf uns besinnt.«

Sie machte eine kleine, aber eindrucksvolle Denkpause, in der sie so ausschaute, als überlege sie, in welche Worte sie das Folgende kleiden sollte. Kommen nun dramatische Ausführungen über menschliches Versagen, ein jammervoller Auftritt einer zurückgewiesenen Diva? Nein, das konnte ich mir bei Frau Hafer beim besten Willen nicht vorstellen. Madame Mohn, ja, ihr würde so eine Szene gut zu Gesicht stehen, und sie wäre sich auch für keine Theatralik zu schade. Aber unsere gut geerdete und besonnene Getreidefrau? Ihr würde so etwas gar nicht erst in den Sinn kommen. Dramatik, große Auftritte, die Sucht, im Mittelpunkt stehen zu müssen, solche Allüren überließ sie denen, die sich damit besser auskannten und es auch entsprechend genießen konnten. Neben Madame Mohn kam eventuell noch die große Königskerze dafür in Frage. Auch sie mochte es melodramatisch.

»Es sind zwei der drei großen Themen der Menschen«, holte mich Frau Hafer wieder ins Gespräch zurück.

»Welche drei großen Themen der Menschen?«, wollte ich erstaunt wissen. »Ich war der Meinung, die Menschen hätten Abermillionen von Themen, mit denen sie sich beschäftigen.«

»Ja, du hast recht. Es scheint, als wären es sehr, sehr viele Bereiche. Bei genauerer Betrachtung reduzieren sie sich aber immer auf die großen Drei: Geld, Gesundheit und Liebe. In Wirklichkeit, so meine Beobachtung, strebt der Mensch immer nur nach mehr von diesen Dreien, und wehe, es mangelt ihm in einem Bereich an etwas.«

»Ganz verstehe ich den Zusammenhang mit Ihnen, verehrte Frau Hafer, aber noch nicht.«

»Nun, wie du ja weißt, helfe ich bei vielerlei Beschwerden.«

»Natürlich bin ich mir über Ihr immenses Wirkungsfeld im Klaren. Lassen Sie es mich doch mal kurz zusammenfassen. In der Menschenwelt wirken Sie auf unglaublich vielen Gebieten. Sie können chronische Magen- und Darmentzündungen ebenso heilen wie einen hohen Cholesterinspiegel und Bluthochdruck senken. Sie sind nicht nur dafür bekannt, dass Sie die Adern durchfegen und Ablagerungen aus ihnen entfernen können, Sie haben auch die Fähigkeit, bei rheumatischen Erkrankungen und Gicht nutzbringend zu sein. Und das sind ja nur die direkt sicht- und spürbaren Krankheitsbilder. Auf der Ebene der Gefühle und des seelischen Gleichgewichts leisten Sie ebenfalls Außerordentliches. Ihre inneren Kräfte sind wärmend und schützend. Wer sich verzagt oder ängstlich fühlt, im Inneren schlottert und friert, weil sein Seelchen Kummer hat, für all jene seid Ihr die wärmende, schützende Mutter. Ihr nehmt sie im übertragenen Sinne in den Arm und tröstet sie. Der Zusammenhang zwischen Ihnen und der Gesundheit liegt auf der Hand. Gehe ich recht in der Annahme, dass der Mensch sich viele der oben aufgeführten Beschwerden ersparen könnte, wenn er auf seinem Speiseplan des Öfteren Mahlzeiten mit Ihnen stehen hätte? So wie man früher in England das Porridge, den Frühstücks-Haferbrei täglich zu sich nahm?«

»Genau, so ist es, das hast du gut erkannt. Und die Verbindung mit dem lieben Geld spiegelt sich in meinem Preis wider. Obwohl ich tatsächlich über die oben genannten Qualitäten verfüge, bin ich für alle ein erschwingliches Nahrungsmittel geblieben und das schon seit vielen Jahrzehnten. Damit möchte ich andeuten, wenn es den Menschen an Geld mangelt, sparen sie zwangsläufig. Und dann komme ich wieder auf den Plan. Nicht unbedingt als Heilmittel, sondern als günstige Mahlzeit, die erschwinglich und nahrhaft ist.«

»Lautet der Umkehrschluss dann: Wenn der Mensch wenig Geld hat, ernährt er sich automatisch gesünder? Sollte man den Menschen dann chronische Geldnot wünschen, damit sie sich wieder auf das Wesentliche besinnen können?«

»Oh, mein guter Freund, ich wage zu bezweifeln, dass dies der richtige Ansatz ist. Und bedenkt, was die große Frau Holler in dieser Angelegenheit zu sagen pflegt.«

Ja, wie könnte ich das vergessen. Die mächtige Frau Holler. Es passiert ja nicht oft, dass sie das Wort ergreift. Sie ist sehr mit sich und den Anderwelten beschäftigt. Wie viele es davon gibt und was genau sie dort macht, wird mir wohl für immer ein Rätsel bleiben. Wie der Name schon sagt, sind die Anderwelten andere Welten, oder Ebenen oder Sphären oder Planeten oder Paralleluniversen oder Geisterwelten oder weiß der Geier wie man das noch so benennen kann. Ich habe mir so manche Stunde mein Pflanzenhirn zerbrochen, um die wenigen Informationen, die ich habe, zu einer schlüssigen Erklärung zusammenzufügen. Es ist mir nicht wirklich gelungen. Frau Holler ist jedenfalls in der Lage, sich geistig in den unterschiedlichen Anderwelten zu bewegen.

Im Zusammenhang mit uns Pflanzen und der Menschenwelt gibt es bei ihr ziemlich klare Regeln. Keiner von uns hat sich unaufgefordert in die Angelegenheiten der Menschen einzumischen.

»Frau Hafer, ich denke, Ihr habt, genau wie Frau Holler recht. Wir sollten uns in die Angelegenheiten der Menschen so wenig wie möglich einmischen.«

»Richtig, wir sind einfach da, so wie wir all die Jahrhunderte immer da waren. Wenn sie uns benötigen, können sie uns benutzen, wenn nicht, führen wir weiter ein ruhiges und beschauliches Leben.«

Ich glaube ja, Frau Hafer sieht unsere Situation ein wenig zu optimistisch. Die Geschichte zeigt leider, dass dies nicht immer stimmt und die Menschen unser beschauliches Leben durch ihr Verhalten oft vereiteln. Aber ich finde, dass nicht ich derjenige sein sollte, der ihr diese Illusion raubt. Ich glaube, sie ist zu gut für diese Welt. Nach einer herzlichen Verabschiedung und vielen guten Wünschen mache ich mich wieder auf den Weg.

Hafer Redewendungen

»Dich hat wohl der Hafer gestochen.«
Ausspruch, wenn sich jemand ungebührlich benimmt oder außer
Rand und Band ist.

Jemand »langen Hafer geben«.
Jemand eine Tracht Prügel verpassen, ihn übers Knie legen.

Aus dem Hafer (Haber) in die Gerste geraten.
Man gerät von einem Schlamassel in den nächsten, oder vom Regen in die Traufe

Der hat noch nicht viel Hafer gedroschen.
Der ist das Arbeiten nicht gewöhnt, ein Schwächling.

 # REZEPTE ZU HAFER

🐌 Haferbulette (vegetarisch)

Zutaten:

50 g Vollkornhaferflocken	in trockener Pfanne leicht anrösten
1 große gewürfelte Zwiebel	in Öl andünsten
1 rote Paprika	fein schneiden und mit andünsten
½ Glas in Öl eingelegte getr. Tomaten	fein schneiden
1 Zehe Knoblauch	fein schneiden
1 Ei	
2 – 3 EL Lupinenmehl	
1 TL Galgant	
1 TL Kreuzkümmel	
1 TL Kurkuma	
1 EL Dost (wilder Oregano)	
Salz, Pfeffer	

Alle Zutaten werden zu einer Masse geknetet. Buletten daraus formen und diese in Kokosöl braten. Dazu eine große Schüssel frischer Salat.

❧ Start-in-den-Tag-Müsli (vegan)

Zutaten:

2 EL Vollkornhaferflocken

1 EL geröstete gehackte Haselnusskerne

1 EL Rosinen

½ Banane gewürfelt

½ Apfel gewürfelt   alles in eine Müslischale geben

¼ l Hafermilch   dazu und der Tag kann beginnen

❧ Ich-tu-dir-gut-Habergrütze/Haferbrei/ Porridge (vegan)

Der Frühstücksbrei für alle Fälle

Egal, ob du Liebeskummer, eine Darmentzündung, ein Magenge-schwür, Bluthochdruck hast oder unter dem Winterblues leidest, die-ser Frühstücksbrei hilft immer. Und ich erzähle hier keinen Quatsch. Die Inhaltsstoffe des Hafers helfen nachgewiesener Maßen bei all den genannten und noch viel mehr Wehwehchen. Wenn die Seele weint, uns innerlich und äußerlich kalt ist, wir uns vernachlässigt füh-len, in diesen Momenten wirkt eine wärmende Hafermahlzeit Wun-der. Die Schleimstoffe des Hafers legen sich wie eine schützende Haut auf die Magen- und Darmwände und die anderen Haferenergi-en umhüllen heilend dein Gemüt. Nebenbei macht so ein Brei schön satt und hält lange vor.

Dieses Arme-Leute-Essen der Engländer, und nicht nur der Englän-der, kann man nicht hoch genug loben. In seiner Schlichtheit und großartigen Wirkungsweise gebührt ihm ein Platz ganz oben auf der Ernährungsliste.

4 EL Vollkornhaferflocken	werden mit
1 Tasse (ca.250 ml) Wasser/Hafermilch	und
1 P Salz	kurz aufgekocht, danach
5 Minuten	quellen lassen
½ Apfel	entkernt, klein geschnitten
1 TL Zimt/Zucker-Gemisch	unterrühren

Man kann Apfel und Zucker natürlich auch durch Bananen, Rosinen, Honig oder anderes Obst und Zuckerarten nach Wahl ersetzten.

⅔ Apfel-Crunch mit Haferflocken
(vegetarisch/vegan)

Zutaten:

4 aromatische Äpfel	vierteln, entkernen, in Spalten schneiden (Cox Orange, Pinova oder Boskop, wer es säuerlicher mag.

Aus:

200 g Butter/Pflanzenmagarine	
150 g Rohrohrzucker	
1TL Zimt	und
150 g Weizenmehl Typ 550	sowie
150 g Vollkornhaferflocken	Streusel machen
	In eine gefettete Auflaufform schichtet man die Apfelspalten, streut dann noch
50 g geröstete, grob gehackte Haselnüsse	obenauf

Nun die Streusel darauf verteilen und mit Butter/Pflanzenmargarine-Flöckchen versehen. Im Backofen bei ca. 175 Grad je nach Apfelsorte 20 – 35 Minuten backen. Einfach himmlisch schmeckt eine Vanillesoße dazu.

ैंꙮ Haferbrötchen

Zutaten:

ca. 80 g Roggensauerteig	mit
400 g Roggenmehl Typ 1150	
200 g Weizenmehl Typ 1050	
1 Päckchen Trockenhefe	
1 TL Salz	mischen und
1 EL Olivenöl	
½ TL Honig	dazu, sowie so viel
lauwarmes Wasser	bis man einen zähen Teig erhält, der schön an den Händen kleben bleibt
	Den Teig gehen lassen. Nun werden:
150 g kernige Haferflocken	in einer trockenen Pfanne angeröstet und untergeknetet

Nun formt man runde Brötchen aus dem Teig, legt diese auf ein mit Backpapier und Haferflocken ausgelegtes Backblech, lässt diese wieder gehen. Dann werden sie oben kurz über Kreuz eingeschnitten, mit lauwarmem Wasser bestrichen und im gut vorgeheizten Backofen bei 180 bis 200 Grad ca. 20 – 25 Minuten gebacken.

Väterchen Hirse

*D*ies ist wohl die weiteste Reise, die ich im Auftrag der Frau Autorin mache. Für den Besuch bei Väterchen Hirse begebe ich mich zur Wiege der Menschheit, wie es so schön heißt, nach Afrika, zugleich der Ursprungskontinent von Väterchen Hirse. So wird es in einem Märchen erzählt, das seit Jahrhunderten von Generation zu Generation weitergetragen wird. Und nach diesem will ich ihn natürlich auch fragen.

Was weiß ich eigentlich über Väterchen Hirse? Auf meiner Reise zu ihm habe ich ja ausreichend Gelegenheit, noch einmal darüber nachzudenken. Er ist alt, sehr alt. In China sollen die Menschen ihn schon vor über 4000 Jahren genutzt haben. In Deutschland und Mitteleuropa zählte er im Mittelalter zu den angebauten Getreidesorten. Obwohl, ist Getreide eigentlich der richtige Ausdruck? Wie war das doch gleich? Was hat Hirse mit Getreide gemeinsam und was nicht? Ich krame tiefer in meinem Gedächtnis. Ach ja, es handelt sich um eine Spelzgetreideart, die wie der Weizen zur Familie der Süßgräser gehört. Der größte Unterschied zu herkömmlichem Getreide wie Roggen und Weizen besteht darin, dass Hirse kein Gluten enthält. Für die Menschen scheint dies gerade wieder von großer Bedeutung zu sein. In Afrika ist Hirse auch heute noch ein Grundnahrungsmittel, und das ist nicht nur ihrem hohen Nährwert zuzuschreiben ist. Sie enthält zwar viel mehr Magnesium und Eisen als Weizen und Roggen, und besitzt einen hohen Siliziumanteil, der für Haut, Nägel und Haare gut sein soll, aber einer der größten Vorteile scheint für die Bewohner des riesigen heißen und trockenen Kontinents Afrika der einfache Anbau und die Robustheit der Pflanze zu sein, die auch längere Trockenperioden nicht übelnimmt.

Bei uns wurde die Hirse leider von Weizen und Mais verdrängt. Ähnlich wie in Amerika der Hanf damals der Baumwolle weichen musste.

Des einen Leid, des anderen Freud. Seit in den Industrieländern vermehrt die Glutenallergie auftritt, erinnern sich wieder viele Menschen an die guten Eigenschaften von Väterchen Hirse, da dieses Korn nahrhaft und glutenfrei ist. Es gibt natürlich auch andere Alternativen, wie Quinoa oder Amaranth, aber auf diesen Seiten wollen wir uns den Pflanzen widmen, die in hiesigen, mitteleuropäischen Gefilden gut gedeihen – oder es wieder könnten, gäbe es genug mutige Bauern oder Institutionen, die ihren Anbau vorantreiben.

Kaufen können die Menschen Hirse als Körner, Mehl oder Flocken. In der Küche kann sie äußerst vielseitig verwendet werden. Das habe ich bei Frau Autorin schon oft erlebt. Sie kann daraus herzhaftes Risotto, Suppen oder köstliche Süßspeisen machen. Ein Kinderbrei aus Hirse ist bekömmlich und gesund, und selbst als Brotaufstrich ist sie eine Bereicherung auf jedem Frühstückstisch. Es geht aber noch vielfältiger. In China macht man angeblich viele alkoholische Getränke aus dem kleinen runden Korn; der »Maotai« ist ein beliebter und bekannter Hirseschnaps. Und in Afrika werden Hirsebiere mit Namen wie »Polo« und »Pombe« gebraut. Auch bei uns gibt es schon Biere, die mit Hirse statt mit Gerste gebraut werden. Wie die schmecken? Da bin ich wirklich überfragt. Der Leser sollte einen Selbstversuch starten.

So, nun bin ich nach langer Fahrt bei Väterchen Hirse angekommen. Puh, heiß ist es hier. Langfristig wäre das keine Wohngegend für mich. Ich bin ja schon zäh, aber diese Temperaturen machen selbst mir ganz schön zu schaffen.

»Mein lieber Löwenzahn. Dass du die lange Reise auf dich genommen hast, ehrt mich aber sehr«, begrüßt mich Väterchen Hirse herzlich.

»Ich freue mich auf das Gespräch mit Ihnen, wo Sie doch einer der ältesten, wenn nicht DIE älteste Getreideart der Welt sind.«

»Oh, das würde ich nicht zu behaupten wagen. Denn darüber streiten sich die Gelehrten der Menschenwelt ja gerne. Ebenso wie über mein eigentliches Herkunftsland. Die einen sagen, es liege in Zentralasien, die anderen, hier in Afrika. Aber wozu ist das denn nach so vielen tausend Jahren überhaupt wichtig? Es kommt doch viel mehr darauf an, was Hier und Heute mit guten, nahrhaften, gesunden und robusten Pflanzen geschieht oder eben auch nicht. Wie siehst Du das, mein grünblättriger Freund?«

»Da stimme ich Ihnen völlig zu. Aber um ehrlich zu sein, würde ich trotzdem gerne etwas über Ihren eigentlichen Ursprung erfahren. Es gibt da doch diese alte Geschichte, das Märchen, wie Sie auf diese Welt gekommen sind.«

»Ah, meine Entstehungsgeschichte. Die möchtest Du gerne hören?«

Väterchen Hirse blickte versonnen in die karge Steppe um uns herum, als schaue er in eine andere Welt.

»Es war zu einer Zeit, als alle Dinge noch miteinander sprechen konnten. Obwohl sprechen eigentlich nicht das richtige Wort ist. Sie verstanden sich einfach untereinander. So wie wir beide uns hier unterhalten, konnten damals die Steine verstehen, was der Wasserfall ihnen erzählte, und die Bäume verstanden die Nachrichten, die die Vögel ihnen überbrachten. Selbst der Mond verständigte sich mit Mutter Erde, der Sonne, dem Wind und dem Regen. Allen Dingen wohnte eine Kraft inne, die dies möglich machte. Heutzutage würden die Menschen wahrscheinlich versuchen, diese Kraft in irgendeiner Form zu messen oder einzufangen, um sie nachweisen zu können.

Doch so einfach geht das nicht, weder damals noch heute. Die kühle Mondfrau ..., lieber Löwenzahn, und tu mir einen Gefallen und fang jetzt nicht mit dem Mann im Mond an, dieser ist eine Erfindung der Menschen. Wie man in Verbindung mit dem Mond an einen Mann denken kann, ist mir schleierhaft. Wo doch ein jeder weiß, dass die Mondenergie rein weiblich ist, den Lebensrhythmus bestimmt, für Ebbe und Flut zuständig ist, den weiblichen Monatszyklus angibt, und selbst die Zeit wurde früher in Mondphasen gezählt.

Väterchen Hirse sieht mich kurz streng an. Und schon schlucke ich die Bemerkung, die ich auf der Zunge hatte, hinunter.

»Die Mondfrau sah also jede Nacht bei allen Elementen, Pflanzen, Tieren und Menschen nach dem Rechten. Beobachtete alles Leben, und falls sie etwas erblickte, das ihr ungewöhnlich vorkam, unterhielt sie sich mit Mutter Erde darüber. Wie schon erwähnt, ist die Mondfrau von eher kühler und zurückhaltender Natur. Sie sieht und weiß, sie schweigt und wirkt im Tiefen und Verborgenen, bestimmt den Rhythmus der Welt. Dagegen ist Mutter Erde das pralle Leben selbst. Auf ihrer Oberfläche und in ihrem Inneren zeigt sich der Lauf der Natur in all seinen Facetten, im Überfluss und in der Entbehrung, im Leben und im Tod, im Werden und Vergehen, im Wachsen und Gedeihen.

Eines Tages beobachtete die Mondfrau, dass die Menschen, nicht wie bisher, mit ihren Familien von einer Wasserstelle zur nächsten wanderten, sondern lange Zeit an einer sehr großen Wasserstelle blieben und dort feste Behausungen bauten. Dann begann die Trockenzeit, und das Wasser versiegte bis auf ein kleines Rinnsal. Die wilden Tiere, die den Menschen als Nahrung dienten, blieben fern, und es gab auch kaum genügend Früchte. Die Menschen schauten oft zum Himmel hinauf, als könnten sie allein mit ihrem flehentlichen Blick den Regen herbeibringen. Aber dieser kam nicht.

»Warum tun die Menschen das?«, fragte die Mondfrau Mutter Erde.

»Eine neue Ära bricht an. Ich spüre es schon lange. Ein Teil der Menschen möchte nicht mehr umherwandern.«

»Warum nicht?«

»Warum will die Sonne nicht umherwandern, wie du es tust, liebe Mondfrau?«

»Auf diese Art und Weise können sie aber nicht überleben. Das, was die Natur ihnen dort gibt, reicht nicht aus, um sie zu ernähren.«

»Da stimme ich dir zu. Und ich denke darüber nach, ihnen ein Geschenk zu machen. Möchtest du mir dabei helfen?«

Und so kam es, dass Mutter Erde und die kühle Mondfrau überlegten, welche Art von Geschenk für die Menschen dort unten wohl das richtige sei. Es sollte sich den Witterungsverhältnissen gut anpassen, als Nahrung dienen und auch in schlechten Zeiten zur Verfügung stehen. Sie überlegten und überlegten, entwarfen und verwarfen Ideen. Endlich kamen sie zu dem Ergebnis, dass es eine Pflanze sein sollte.

»Die Menschen sollen mit diesem Geschenk ihr Schicksal selbst in der Hand haben. Diese Pflanze soll wie ein Schatz in einem unscheinbaren Lederbeutel sein. Unauffällig in seiner äußeren Erscheinung, im Kern jedoch sehr wertvoll. Ein Schatz, der sich selbst vermehrt, wenn man ihn gut behandelt, der aus meinem Boden wächst und gedeiht. Ein Schatz, der keine großen Ansprüche an die Elemente hat, der Frauen wie Männer bei Kräften hält, aber auch sanft genug ist, einen Babybauch zu sättigen.«

»So sei es«, sagte die kühle Mondfrau. Mutter Erde, Wasser und Wind taten sich mit der Mondfrau zusammen, um das Geschenk zu erschaffen. Doch auch die Sonne wollte ihren Teil beitragen. Sie versah es mit der Eigenschaft, in sehr trockenen Gebieten wachsen und gedeihen zu können und verlieh ihm seine goldgelbe Farbe. So erschufen sie die ersten meiner Art und schenkten sie den Menschen.

Mutter Erde sorgte dafür, dass die ersten Hirsepflanzen von alleine wuchsen, und die kühle Mondfrau brachte den Menschen nachts in ihren Träumen das Wissen, wie sie diese zu hegen und zu pflegen hatten. Und weil die Hirse den Menschen Nahrung und Wohlstand brachte, wurde sie entsprechend verehrt. Noch heute ist es in vielen Gegenden der Welt üblich, bei Hochzeiten oder zu Beginn eines neuen Jahres Hirsekörner zu werfen oder Gerichte aus Hirse zuzubereiten, da dies Gesundheit, Glück und Wohlstand verspricht.«

Mein Gastgeber richtet den Blick nun langsam wieder zu mir und lächelte versonnen.

»Ich danke dir, Väterchen Hirse, für diese schöne Geschichte.«

Väterchen Hirse und ich verbrachten noch viele Stunden damit, uns Geschichten zu erzählen und alte Lieder zu singen, die ich schon fast vergessen hatte. Es war eine schöne Zeit und der Abschied fiel mir schwer.

Der süße Brei
Ein Märchen der Brüder Grimm

Es war einmal ein armes, frommes Mädchen, das lebte mit seiner Mutter allein, und sie hatten nichts mehr zu essen. Da ging das Kind hinaus in den Wald, dort begegnete ihm eine alte Frau, die wusste seinen Jammer schon und schenkte ihm ein Töpfchen, zu dem sollt es sagen: »Töpfchen, koche,« so kochte es guten, süßen Hirsebrei, und wenn es sagte: «Töpfchen, steh,» so hörte es wieder auf zu kochen.

Das Mädchen brachte den Topf seiner Mutter heim, und nun waren sie ihrer Armut und ihres Hungers ledig und aßen süßen Brei, sooft sie wollten.

Auf eine Zeit war das Mädchen ausgegangen, da sprach die Mutter: »Töpfchen, koche,« da kocht es, und sie isst sich satt; nun will sie, dass das Töpfchen wieder aufhören soll, aber sie weiß das Wort nicht. Also kocht es fort, und der Brei steigt über den Rand hinaus und kocht immerzu, die Küche und das ganze Haus voll und das zweite Haus und dann die Straße, als wollt's die ganze Welt satt machen, und kein Mensch weiß sich da zu helfen. Endlich, wie nur noch ein einziges Haus übrig ist, da kommt das Kind heim und spricht nur: »Töpfchen, steh,« da steht es und hört auf zu kochen, und wer wieder in die Stadt wollte, der musste sich nun durchessen.

REZEPTE ZU HIRSE

🌾 Hirse-Mohn-Brei (vegetarisch/vegan)

Zutaten:

100 g Hirse	im Haarsieb mit heißem Wasser waschen
50 g gemahlener Mohn	mit der Hirse in
1 l Milch/Hafer- oder Mandelmilch	und
1 P Salz	ca. 20 Minuten leicht köcheln lassen

Nach der Kochzeit wird der Glücklichmacher mit Zimt und Zucker abgeschmeckt und ist sowohl warm als auch kalt ein Genuss.

🌾 Hirse Risotto / Hirsotto (vegan)

Zutaten:

1 Tasse Hirse	wird mit
1 TL Gemüsebrühe	in
2 Tassen Wasser	bissfest gegart
1 gewürfelte Zwiebel	in Olivenöl anbraten
1 rote Paprika	waschen und würfeln
100 g Zuckerschoten	putzen, waschen, blanchieren
1 gewürfelte Tomate	

2 Knoblauchzehen	fein gehackt
7 – 8 in Öl eingelegte getrocknete Tomaten	fein schneiden
½ – 1 Tasse Wasser	
Salz, Pfeffer, Kurkuma nach Geschmack	

Die Zwiebel in Olivenöl leicht anbräunen, die übrigen Gemüsesorten dazugeben, kurz anbraten und dann mit der Flüssigkeit ablöschen. Wenn das Gemüse noch leicht knackig ist, wird es mit den Gewürzen abgeschmeckt und unter die Hirse gehoben. Dieses Risotto/Hirsotto eignet sich als Beilage oder Hauptgang. Dazu schmeckt eine schöne große Schüssel frischer Salat.

৫ৡ Glücklich machender Hirseaufstrich (vegan)
Schmeckt kleinen und großen Leuten

Zutaten:

½ Tasse Hirse	in
1 Tasse Gemüsebrühe	aufkochen und quellen lassen
1 gewürfelte Zwiebel	wird in
1 – 2 EL Kokosfett	gedünstet
2 gewürfelte Möhren	werden mit
1 daumengroßen Stück feingehacktem Ingwer	zu den Zwiebeln gegeben
200 ml Gemüsebrühe	dazu und Deckel darauf
	Wenn das Gemüse weich ist, wird es zusammen mit der Hirse püriert und mit
Dost (Oregano oder Majoran)	

Thymian, Salz und Pfeffer   abgeschmeckt

In kleine Gläser gefüllt und gut verschlossen, hält sich der Aufstrich im Kühlschrank mehrere Tage.

Abwandlung zum Kinderbrei: Ingwer, Zwiebel, Salz und Pfeffer weglassen und stattdessen eine halbe Süßkartoffel mitkochen. In Gläschen eingekocht, ist dies eine prima Kleinkind-Mahlzeit.

ૐ Hirseauflauf (vegetarisch)

Zutaten:

250 g Hirse	in
750 ml Gemüsebrühe	aufkochen und quellen lassen
1 Blumenkohl	ohne Strunk im Ganzen fast gar kochen
1 große gewürfelte Zwiebel	in Olivenöl anbraten
100 g TK-Erbsen	und
500 g gewürfelte Tomaten	dazugeben und zugedeckt bissfest garen
	Nun Zwiebel-Gemüse-Mischung unter die Hirse heben.
100 g gehobelter Parmesan	dazu und alles in eine gefettete Auflaufform geben.
	Der Blumenkohl wird in die Mitte gesetzt. Nun einen Guss zubereiten aus:
3 Eiern	schaumig rühren
2 EL Sauerrahm	und
Salz	

Diesen über den Blumenkohl gießen. Nun alles noch mit Butterflöckchen garnieren und bei 200 Grad ca. 30 Minuten überbacken.

🌿 Wilde Hirsetaler (vegan – basisch – lecker)

<u>Zutaten:</u>

½ Tasse Hirse in Gemüsebrühe gegart

100 g blanchierte Brennnesselspitzen

1 Bund frischer Bärlauch

1 gekochte Süßkartoffel

1 große, gehackte in Kokosöl gedünstete Zwiebel

1 daumengroßes Stück frischer gehackter Ingwer

2 Stücke frischer Kurkuma, fein gerieben

Wahlweise Kartoffelstärke oder Süßlupinenmehl als Bindemittel

Salz, Pfeffer, Muskat

2 – 3 EL kaltgepresstes Olivenöl

Der Ingwer wird mit dem Kurkuma und den Zwiebeln in Kokosöl gedünstet.

Hirse, Brennnesseln, Bärlauch und die gedünsteten Zwiebeln mit der gegarten Süßkartoffel und dem Olivenöl pürieren. Im Anschluss die Masse mit den Gewürzen abschmecken und so viel Kartoffelstärke/ Süßlupinenmehl dazu, dass es eine gut formbare Masse ergibt. Nun kleine Taler oder Bällchen formen und diese in Kokosöl braten. Schon ist ein vegan-basischer Genuss fertig. Und Hallo ihr Fleischesser da draußen, traut euch ruhig und probiert sie mal, sie schmecken warm und kalt, eignen sich als Frikadellenersatz oder Suppeneinlage.

Und übrigens: Hirse macht schön und schlau, die Brennnessel ist ein unschlagbarer Vitamin-C- und Eisenspender, Bärlauch ist gut für Blut und Darm, Ingwer und Kurkuma sorgen für eine wohlige Wärme in uns und stärken unser Immunsystem, und die Süßkartoffel macht uns glücklich.

Sippentreffen der Minzes

*E*s ist unmöglich, eine Verabredung mit nur einem Vertreter des Minze-Clans zu bekommen. Die gibt es nur im Rudel – will sagen, man trifft sie nur in größeren Gruppen an. Noch nie habe ich eine alleine angetroffen. So war es denn auch nicht ganz einfach, an sachdienliche Informationen für das Buch zu kommen, denn wenn sie alle zusammen sind, fühlt man sich wie in einer italienischen Großfamilie. Alle reden gleichzeitig und es scheint, als höre nie einer dem anderen zu. Doch dem ist beileibe nicht so. Ihnen entgeht nichts. Bevor ich überhaupt in den Genuss eines Großfamilientreffens kommen konnte, galt es, sich einen Standort auszuwählen. Wollte ich noch einmal weit reisen und die Minzarten im arabischen Raum besuchen oder lieber die, die auch bei uns in der Natur anzutreffen sind? Nachdem ich die Vor-und Nachteile abgewogen hatte, entschied ich mich für die heimischen Gefilde. Die Hitze in den anderen Ländern setzt mir doch ganz schön zu und hier auf diesen Seiten sollen ja auch Pflanzen vorgestellt werden, die bei uns prächtig gedeihen.

So machte ich mich denn auf zu einem der Treffen unserer heimischen Minzarten und staunte nicht schlecht. Dass die Minze gesellig ist, wusste ich ja bereits. Da ich aber noch nie an einer ihrer Zusammenkünfte teilgenommen hatte, überraschte mich das quirlige Treiben dann doch. Viele verschiedene Arten konnte ich ausmachen. Teilweise blieben einzelne unter sich, andere standen buntgemischt beieinander. In einer Ecke machte ich die Ackerminze aus, die sich angeregt mit der Wasserminze, auch Bachminze genannt, unterhielt. Natürlich, die beiden verstanden sich prächtig. Sie waren hier zu Hause und kannten sich seit Ewigkeiten. Dass die Ackerminze eher den trockenen Lebensraum und die Bachminze einen feuchteren Boden bevorzugt, machte da nichts aus. Die Ackerminze war leicht an ihrem hellen Flaum auf den Blättern zu erkennen, während die Blätter der Bachminze wie die der meisten anderen Arten glatt und glänzend sind. Sie plauderten ganz angeregt, und wenn man geduldig genug war, konnte man eine ihrer herausragenden Fähigkeiten beobachten: ihr schnelles Wachstum. Es ist wirklich erstaunlich. In der Menschenwelt habe ich davon gehört. Die meisten Menschen mögen die Minze, ihren Geschmack, ihren Duft, ihre heilsamen Wirkungsweisen, aber kaum jemand pflanzt sie einfach so, ohne Vorsichtsmaßnahmen zu ergreifen, in seinen Garten. Ihre Fähigkeit, Raum einzunehmen ist legendär. Hier am Waldrand, bei dem Sippentreffen, kann man sehen, dass es manchen Arten schon während des Plauderns gelingt, neue Ausläufer zu bilden

Ich versuchte mir einen Überblick zu verschaffen. Wer war denn hier noch anwesend, außer der Acker- und Bachminze? In den zahlreichen Gruppierungen machte ich die Grüne Minze aus, die in Afrika gerne und viel verwendet und dort Nana-Minze genannt wird. Sie unterhielt sich mit der Rossminze und der Hirschminze. Auch neue Arten, wie die Ananas-, Apfel- und Orangenminze konnte ich erkennen. Etwas abseits stand die Poleiminze, die aufgeregt mit der Bastardminze diskutierte. Ich wollte mich zu ihnen gesellen, hielt aber auf dem Weg inne.

»Es ist einfach nicht fair, uns so zu behandeln!«, schimpfte die Poleiminze.

»Du glaubst doch nicht wirklich, dass die sich noch ändern. Bist du einmal in Ungnade gefallen, kannst du machen was du willst, dein Ruf wird für alle Zeiten ruiniert sein. Das sieht man ja an dir, meine liebe Poleiminze. Nur weil sich deine Inhaltsstoffe etwas von denen der anderen Minzarten unterscheiden, bist du schon fast ausgestorben! Als ob es deine Schuld wäre, dass die Menschen dich für ihre Zwecke missbrauchen.«

Ich weiß, das sollte man nicht tun. Aber weghören ging nicht, stören wollte ich auch nicht und schließlich siegte meine Neugier. Also hörte ich den beiden Minzen weiter heimlich zu. Es war aber auch zu spannend.

»Na ja, du hast ja auch nichts zu lachen bei der Sippe«, entgegnete die Poleiminze. »Deine direkten Vorfahren ließen sich nicht ausmachen und so bist und bleibst du ein Bastard. Mancherorts hat man dich sogar offiziell aus der Gruppe der Minzen entfernt. Auch nicht gerade die feine englische Art.«

»Da hast du wohl recht. Andererseits kann ich mich so, ohne Einflüsse von außen, ungestört meines Lebens erfreuen. Ich schätze diese Ruhe sehr. Bei dir ist die Lage doch etwas anders. Du möchtest gerne Anerkennung und Bewunderung und wirst verschmäht und verstoßen.«

Die Poleiminze reckte ihr Pflanzenköpfchen stolz in die Höhe.

»Pah, so ein Unsinn. Und selbst wenn es so wäre. Natürlich ist es nicht so. Aber selbst wenn, hätte ich dennoch einen kleinen Kreis von Bewunderern, die mich zu würdigen wissen. Und dass man mich auf die Liste der gefährdeten Minzarten gesetzt hat, macht mich ja dann doch wieder zu etwas Besonderem, nicht wahr?«

Die Bastardminze hat recht. Wenn ich der Poleiminze so zuhöre, hat sie wirklich ein kleines Anerkennungsproblem.

»Von dieser Warte aus kann man die Situation natürlich auch betrachten, verehrte Poleiminze«, meinte die Bastardminze. »Während die anderen Minzarten bei den Menschen für Eigenschaften wie

- entzündungshemmend
- krampflösend

- kühlend
- erfrischend
- nervenstärkend
- betäubend
- durchblutungsfördernd und
- konzentrationsfördernd

geschätzt und geachtet werden, ist der ›kleine Kreis‹ deiner Bewunderer eher auf Eigenschaften aus wie

- ist leicht bis mittelmäßig giftig
- hat sich als Abortivum bewährt
- wehrt Parasiten ab«,

zählte die Bastardminze mit leicht zweifelndem Unterton auf.

»Na und? Warte nur, bis die Menschen mal wieder so richtig in der Sch …, na du weißt schon, stecken. Dann erinnern sie sich alle wieder gerne an mich oder an das Bilsenkraut und die Tollkirsche. Du kennst ja die Menschen, oftmals sind sie scheinheilig.«

Ich hatte genug gehört und wollte auch nicht beim Lauschen erwischt werden, also machte ich mich davon. An anderer Stelle rief mich die Pfefferminze zu sich, und gerne stellte ich mich zu ihr und den anderen. Das war doch eine viel erquicklichere Gesellschaft als die der verärgerten Poleiminze.

»Löwenzahn, schön Dich hier zu treffen. Wir unterhalten uns gerade über die vielfältigen Rezepte der Menschen, in denen wir eine Rolle spielen. In einem Getränk erleben wir seit geraumer Zeit wieder eine Renaissance. Es nennt sich »Hugo«. Ich finde es zwar merkwürdig, wenn ein Getränk, das aus so leichten Zutaten wir Prosecco, Minze und Holundersirup hergestellt wird, einen so schwer klingenden männlichen Namen bekommt. Aber wer versteht schon die Menschen?«

»Das ist wohl war. Dazu fällt mir ein altes Getränk ein, in dem ihr auch eine große Rolle spielt. Es ist der ›Mojito‹. Gegen den ›Hugo‹ ist dieser Cocktail schon etwas schwergewichtiger mit seinem Rumanteil. Er stammt aus Havanna und soll dort früher das Lieblingsgetränk von Hemingway gewesen sein. Obwohl ich glaube, Hemingway hatte noch so einige andere Lieblingsgetränke.«

Es war eine lustige Runde, in der ich mich dort befand, und wir listeten viele Rezepte auf, in denen die eine oder andere Minzart eine Rolle spielt. Von der englischen Minzsoße, die nicht jedermanns Geschmack ist, über arabische Salate bis zur Pfefferminzschokolade war so einiges vertreten.

Die Hirschminze gesellte sich dazu und berichtete uns, dass die Römer früher ein lustiges Spiel mit der Minze gespielt haben. Vor ihren berüchtigten Gelagen haben sie sich Kränze aus Minze gebunden, auf den Kopf gelegt und während der gesamten Feier getragen. Sie waren davon überzeugt, das schütze sie vor dem »bösen Katerkopf« danach. Da kann man doch nur lachen. Besser und hilfreicher hingegen war es, das Trinkwasser auf den Schiffen mit Minze zu versetzten, denn dadurch blieb es länger frisch. Und um den Appetit der Gäste anzuregen wurde mancherorts Minze auf den Fußboden gestreut, auch eine sehr schöne Anwendungsart.

Die Ackerminze erzählte uns zum Abschluss noch, dass es in Eichenau in Bayern sogar ein richtiges Pfefferminzmuseum geben soll, da in dieser Gegend früher das größte Anbaugebiet für hochwertige Arzneiminze war. Vielleicht halten sie das nächste Treffen ja dort ab. Mit vielen guten Wünschen und noch mehr Informationen machte ich mich dann wieder auf den Weg.

Über die Minze

»Wenn aber einer die Kräfte und Arten und
Namen der Minze
samt und sonders zu nennen vermöchte
so müsste er gleich auch
wissen, wie viele Fische im Roten Meere wohl schwimmen,
oder wie viele Funken Vulkanus, der Schmelzgott aus Lemnos,
schickt in die Lüfte empor aus den riesigen Essen des Aetna.«

Walahfrid Strabo: aus Liber de cultura hortorum (kurz Hortulus)

Die Minze in der Sage

Der Sage nach war Minthe eine Nymphe, die Geliebte des
Unterweltgottes Hades. Das blieb seiner Frau Persephone
nicht verborgen. Sie tötete Minthe in ihrer Eifersucht. Hades
jedoch sorgte dafür, dass sie als duftende Pflanze wieder auf
die Erde zurückkehrte.

REZEPTE ZU MINZE

🌿 Ichmachdichschön Trunk (vegan)

Bei so vielen Vitaminen und Gute-Laune-Zutaten klatschen die Membranen eurer Zellen Beifall.

Zutaten:

1 Bund frische Pfefferminze

2 Zweige Zitronenmelisse

1-2 Bananen

¼ Ananas

½ Mango

200 ml Kokosmilch

Apfel- und Orangensaft zu gleichen Teilen

Alle Zutaten in einen elektrischen Mixbecher geben und so lange mixen und Flüssigkeit hinzugeben, bis eine schöne sämige, flüssige Konsistenz erreicht ist. Wohl bekomm's.

🌿 Englische Minzsoße (vegan)

Zutaten:

1 Bd. frische gewaschene Minze	Blätter abzupfen und fein hacken
2 EL Zucker	mit
50 ml Wasser	aufkochen
2 EL Weißweinessig	dazu, weiter kochen, bis sich der Zucker aufgelöst hat
1 P Salz	und
die Minze	dazu geben

Mit Hilfe eines Pürierstabes noch einmal fein pürieren, in ein Kännchen abfüllen, erkalten lassen und mit einem Minzzweig garniert servieren.

Diese Soße ist in England der Begleiter zu Lammkeule oder anderen Lammfleischgerichten, schmeckt aber ebenso zu Fisch.

———

🌿 Exotischer Obstsalat mit Minze (vegan)

Zutaten:

2 EL Mandeln	in trockener Pfanne leicht bräunen, dann hacken
2 reife Mangos	schälen, in feine Streifen schneiden und mit
Zitronensaft	beträufeln
200 g Physalis oder	
rote Johannisbeeren	waschen, Physalis halbieren

Ein Salatdressing anrühren aus:

3 EL Himbeeressig

5 EL Hanf- oder Walnussöl

1 EL Löwenzahnsirup oder Honig

1 P Salz und 1 TL gestoßener rosa Pfeffer

Das Obst mischen, das Dressing darüber und die Mandeln obenauf, 10 Minuten ziehen lassen,

3 – 4 Zweige Minze   kleinzupfen darüber verteilen, fertig. Himmlisch lecker!

‿❧ Arabisches Taboulé (vegan)

Zutaten:

150 g Couscous oder Bulgur   in

ca. 400 ml Gemüsebrühe   garen, auskühlen lassen, dann mit

2 Bund Petersilie, fein gehackt   und

1 Bund frischer Minze, fein gehackt   sowie dem

Saft von 1 Zitrone   vermischen und 1 Stunde ziehen lassen

3 Tomaten in Scheiben

1 Salatgurke in Würfeln

1 rote Paprika in Würfeln   und

1 Bund Lauchzwiebeln in Ringen   werden mit

½ Glas getrockneten, klein-
geschnittenen Tomaten,   vermischt und unter das Couscous gehoben.

Nun alles mit Salz, Pfeffer und Öl abschmecken und schon ist ein
super erfrischender Salat, mit vielen Vitaminen, fertig.

🐞 Indische Rote Linsensuppe mit Minze

Zutaten:

100 g rote Linsen	im Sieb heiß abwaschen
2 Zwiebeln, gehackt	werden in
2 EL Kokosfett	gedünstet
1 EL Mehl	und
2 TL Paprikapulver rosenscharf	darüber streuen, kurz mit anbraten
1 L Gemüsebrühe	und die Linsen dazu und um-rühren
	Abgedeckt bei niedriger Tempe-ratur ca. 15 Minuten garen lassen. Die Linsen sollen biss-fest bleiben.
300 g Joghurt	werden mit
3 EL Zitronensaft	und einer Kelle der Suppe verrührt

Nun die Suppe vom Herd ziehen und das Joghurtgemisch vorsichtig unterrühren.

Hackbällchen:

200 g Rinderhack

1 gehackte Zwiebel

1 TL Kreuzkümmel

Salz, Chilipulver, Paprika

Hanf- oder Süßlupinenmehl

1 TL Dost (Oregano)

Die Hackbällchen können wahlweise in Kokosfett vorgebraten werden oder in der Suppe ca. 10 Minuten garziehen.

	Nun
½ Bund frische Minze	fein hacken und unter die Suppe rühren und die Suppe noch einmal vorsichtig erwärmen

---

🌿 Heiromas Minz-Quark-Kuchen (vegetarisch)

Streusel herstellen aus:

250 g Butter

200 g Rohrohrzucker

1 geriebenen Tonkabohne

1 Päckchen Backpulver

500 g Weizenmehl Typ 550

1 Ei

1 P Salz

Füllung:

1Bund frische Minze	mit
1 Becher Sahne	pürieren

100 g Quark

200 g Rohrohrzucker

1 P Vanillesoßenpulver

1 Ei alles mit der Minz-Sahne
verrühren

2 kl. Dose Mandarinen Saft abgießen

Zwei Drittel der Streusel werden auf ein gefettetes Backblech verteilt und leicht angedrückt. Nun die Minz-Quark-Masse darauf verteilen und die Mandarinen obenauf gelegt; restliche Streusel darauf und den Kuchen bei ca. 180 Grad 40 Minuten backen. Lasst euch von der Farbe der Quarkfüllung nicht beirren. Der Minzgeschmack ist spitze. Noch ein Tipp am Rande: Den Kuchen auf dem Blech auskühlen lassen, da ansonsten akute Bruch- und Krümelgefahr besteht.

FLÜSSIGE LECKEREIEN MIT MINZE

૨☙ Hugo

Zutaten:

3-4 Blätter frische milde Minze kleinzupfen und mit

100 ml Prosecco oder Sekt in ein bauchiges Glas geben

*75 ml Mineralwasser mit
Kohlensäure* dazu und noch

2 cl Holunderblütensirup mit dem

Saft einer halben Limette   dazu noch

zwei Eiswürfel

ࣷ Mojito

Lieblingsgetränk von Ernest Hemingway

Zutaten:

½ Limette   vierteln und mit

2 TL Rohrzucker   in ein Longdrinkglas geben

6 – 8 Blätter frische Minze   dazu und zerstoßen

4 cl weißer Rum   dazu

Crushed Ice   und

Sodawasser oder Ginger Ale   obenauf, umrühren

(ersatzweise Mineralwasser)

Wohl bekomm's!

Die Zusammenkunft der Großartigen Fünf

*D*ieses Treffen hat allen sehr viel Spaß gemacht. Geschmeichelt hat es uns natürlich auch. Denn wenn Frau Autorin findet, dass wir Fünf großartig sind, darf man zurecht ein wenig stolz sein. Doch fangen wir von vorne an. Nach dem Besuch bei der großen Minze-Familie stellte sich die Frage, wie man die restlichen Kräuter beschreiben sollte, die für den Menschen und seine Gesunderhaltung wichtig und wertvoll sind. Darf ich vorstellen:

- Der mächtige Holunder (Frau Holler)
- Die vielseitige und hübsche Hagebutte
- Der starke Bärlauch
- Die unglaublich vielseitige Brennnessel und
- meine Wenigkeit, der unverwüstliche Löwenzahn.

Natürlich könnte man über jeden von uns ganze Bücher schreiben. Doch hat Frau Autorin uns in ihrem vorigen Buch »Schwupps, wir sind dann mal hier drin, Kräuter erzählen Magisches und Kulinarisches« schon ausführlich beschrieben. Da hier in diesem Buch aber die Rezepte im Vordergrund stehen, lag die Idee nahe, uns Fünf zu einem gemeinsamen Treffen zusammenzutrommeln, um dabei unsere Eigenschaften kurz und knackig auf die Tagesordnung zu bringen. An einem schönen sonnigen Frühlingstag fanden wir uns dann alle beim Holunder ein.

»Löwenzahn, du hast uns hergebeten. Erkläre doch bitte einmal kurz, warum dieses Treffen so wichtig ist.«

Frau Holler beugte sich während sie sprach, leicht zu mir herab. Das verursachte mir kurz ein mulmiges Gefühl. Nicht, dass ich Angst vor ihr hätte, nur gesunden Respekt, das trifft es wohl eher. Zu uns Pflanzen ist sie meist sehr freundlich.

Wenn es bei euch Menschen auch DER Holunderstrauch heißt, die dem Strauch innewohnende Kraft ist aber ganz klar weiblich. Nicht sanft, nett und fügsam, sondern eher wild, mächtig, teils gnadenlos, aber ehrlich und über das Leben hinaus wirkend und weise. Aber, wie gesagt, wir wollen uns auf die kulinarische Vielfalt der Pflanzen beschränken.

»Wir sollten kurz erläutern, welche Eigenschaften es sind, die die Verfasserin des Buches dazu veranlasst hat, uns die Großartigen Fünf zu nennen«, erklärte ich in ihnen.

Die Brennnessel tuschelte daraufhin mit dem Bärlauch, und die Hagebutte schüttelte sich einmal kurz, richtete sich dann auf und sprach:

»Du meinst zum Beispiel, dass die Hagebutte für die Liebe steht und auf diesem Gebiet eingesetzt wird, da die Rose – schließlich bin ich ja eine Heckenrose – DAS Liebessymbol bei den Menschen ist? Oder die Tatsache, dass wir so berühmt sind, dass sogar Lieder über uns geschrieben wurden? Ein Männlein steht im Walde ...«, begann sie zu trällern. Doch der Bärlauch unterbrach sie rasch, denn wir alle wussten, wenn die Hagebutte einmal angefangen hat zu singen, ist sie so schnell nicht wieder zu stoppen.

»Ich glaube vielmehr, dass unser Vitamingehalt und unsere Wirkung auf den menschlichen Körper gemeint sind, und nicht irgendwelche literarischen oder gesanglichen Ergüsse.« Die Hagebutte schaute entrüstet zum Bärlauch hinüber.

Ja, er war schon ein ziemlich direkter Vertreter der grünen Gattung, unser Bärlauch. Aber wo er recht hatte, hatte er recht.

»Ich denke, meine liebe Hagebutte, man sollte vor allem betonen, dass du den Menschen beispielsweise bei Bindegewebsschwäche oder Osteoporose helfen kannst, sofern du roh, etwa in Form von Pulver verzehrt wirst. Nicht zu vergessen dein unglaublich hoher Vitamin-C-Gehalt und dass du so viel Kalzium und Vitamin A enthältst wie keine andere Frucht.«

Die Hagebutte schien wieder versöhnt.

»Ach, so ist das gemeint. Da kann ich aber auch mithalten«, schaltete sich die Brennnessel ein.

»Ja, stimmt. Du zählst zwar nicht zu den Früchten, aber auch dein Vitamin- und besonders dein Kalziumgehalt kann sich sehen lassen«, pflichtete ich ihr bei.

Nach einer kurzen Pause schaute die Brennnessel in die Runde und bemerkte: »Neben all den positiven Inhaltsstoffen sind es aber auch die Wirkungsweisen, die uns ausmachen.« »Du, lieber Holunder, wirkst bei Erkältungen, Darmerkrankungen, bist fiebersenkend, beruhigend und schleimlösend, stärkst das Immunsystem und schützt darüber hinaus vor bösen Geistern.«

»Moment mal, gut für den Darm, stärkend für Galle und Leber und blutreinigend sind der Bärlauch und ich doch auch, das wollen wir hier nicht vergessen«, musste ich dann doch mal loswerden. »Und meine entwässernde Wirkung hat mir schließlich sogar den nicht ganz aparten Beinamen ›Bettseichkraut‹ eingebracht. Dabei wirkst du, Brennnessel, doch ebenfalls entwässernd.«

»Natürlich, das stimmt. Wir, die wir hier versammelt sind, zeichnen uns durch ähnliche Eigenschaften aus, die jedoch unterschiedlich stark ausgeprägt sind. Wir alle besitzen ein Vielfaches an Vitamin- und Mineralstoffen im Vergleich zu den vom Menschen kultivierten Gemüse-und Kräuterarten. Wir sind für ihren Gaumen aber scheinbar oft zu herb oder ungewohnt, so dass es ihnen schwerfällt, uns in ihren alltäglichen Speiseplan aufzunehmen.«

Frau Holler hatte es wieder geschafft, die Dinge auf den Punkt zu bringen.

»Ach, und deshalb gibt es dann hier in diesem Buch den großen Rezeptteil?«

»Schnellmerker«, murmelte der Bärlauch zur Hagebutte gewandt.

»Na, na, na, da wollen wir doch friedlich und freundlich bleiben.« Frau Holler gab dem Bärlauch einen kleinen Schubs.

»Also, guter Löwenzahn, wie würdest du denn nun das Gehörte kurz zusammenfassen?«

Ich dachte kurz nach und erklärte dann:

»Wenn täglich eine Komponente mit uns auf dem menschlichen Speiseplan stehen würde, ganz gleich ob in Form von frischem Salat, Smothies, Saft, Kuchen, Gelee, Gemüse, Pesto oder Pizzabelag, kann dies dem Menschen helfen, seine Gesundheit zu erhalten, viele seiner Zipperlein zu kurieren und innerlich wieder stark und widerstandsfähig zu werden.«

»Sehr gut. Damit wäre der theoretische Teil abgedeckt. Praktisch umsetzten können es die Menschen nur selbst,« sagt Frau Holler.

Die Hagebutte, die während der letzten Sätze schon ganz unruhig geworden war, rief daraufhin:

»Jetzt lasst uns aber über die letzten Ereignisse bei der Walpurgisnacht erzählen. Da sollen ja Sachen vorgefallen sein ...«

Oh je, jetzt wird es pflanzlich lustig; die Hagebutte hat sich bestimmt wieder einiges von den Krähen und den Waldpilzen erzählen lassen, beides Quellen, deren Informationsradius in der Pflanzen- und Tierwelt am größten ist. Die Krähen sind darüber hinaus dafür bekannt, die gehörten Tatsachen mit allerlei schmückendem Beiwerk zu versehen.

Ich finde, hier ist jetzt genau der richtige Zeitpunkt, um sich zu verabschieden. Es gibt Sachen, die nicht für menschliche Ohren bestimmt sind. Für Euch gibt es ja nun eine Vielzahl an Rezepten, die Ihr ausprobieren könnt.

Redewendungen / Gedichte

»Isst du Knoblauch im März und Bärlauch im Mai,
dann haben deine Ärzte das ganze Jahr frei.«

»Was bitter dem Mund, dem Bauch ist gesund.«

»Wenn der Löwenzahn seine schönen Blüten versteckt,
sich mit Regenwolken bald der Himmel bedeckt.«

»Viel Segen ist am Holler gelegen.«

»Wie der Holunder blüht,
Rebe auch und Lieb' erglüht.
Blühen beid' im Vollmondschein,
gibt's viel Glück und guten Wein«

Wenn ihr an Nesseln streifet,
So brennen sie.
Doch wenn ihr fest sie greifet,
Sie brennen nie.
So zwingt ihr die Feinen,
Auch die gemeinen Naturen nie.
Doch preßt ihr wacker
Wie Nußaufknacker,
So zwingt ihr sie.

(Friedrich Rückert)

»Dem Fröhlichen ist jedes Unkraut eine Blume,
dem Betrübten jede Blume ein Unkraut«
(Finnisches Sprichwort)

»Jede schöne Rose wird einmal eine Hagebutte.«
(aus Frankreich)

Ein Männlein steht im Walde

Ein Männlein steht im Walde ganz still und stumm,
Es hat von lauter Purpur ein Mäntlein um.
Sagt, wer mag das Männlein sein,
Das da steht im Wald allein
Mit dem purpurroten Mäntelein.

Das Männlein steht im Walde auf einem Bein
Und hat auf seinem Haupte schwarz Käpplein klein,
Sagt, wer mag das Männlein sein,
Das da steht im Wald allein
Mit dem kleinen schwarzen Käppelein?

gesprochen:

Das Männlein dort auf einem Bein
Mit seinem roten Mäntelein
Und seinem schwarzen Käppelein
Kann nur die Hagebutte sein.

❔🐌 Hagebuttengelee (vegan)

Zutaten:

400 g Hagebuttenmark	mit
300 ml Apfeldirektsaft	und
Saft 1 Zitrone	mischen und mit
1 Päckchen Gelierzucker	
(500 g) 2:1	nach Vorschrift kochen

Den Gelee heiß in Gläser mit Schraubverschluss füllen, und fertig ist ein leckerer Winteraufstrich.

❔🐌 Holunder-Brombeer-Gelee (vegan)

Zutaten:

350 g passierte Holunderbeeren	*mit*
350 g passierten Brombeeren	und
Saft 1 Zitrone	mischen und mit
1 Päckchen Gelierzucker	
(500 g)2:1	nach Vorschrift kochen

Den Gelee heiß in Gläser mit Schraubverschluss füllen, und fertig ist das nächste Leckerchen.

&🐚 Holler-Weihnachtsgelee (vegan)

<u>Zutaten:</u>

250 g passierte Holunderbeeren   mit

250 g passierten Brombeeren   und

150 ml Glühwein   sowie dem

Saft 1 Zitrone   mischen und mit

Saft und geriebener Schale
einer Bio-Orange

1 P Zimt

1 Päckchen Gelierzucker
(500 g)2:1   nach Vorschrift kochen

Den Gelee heiß in Gläser mit Schraubverschluss füllen, und fertig ist
der weihnachtliche Brotaufstrich.

&🐚 Tee gegen den Winterblues (vegan)

Eine Teemischung, die der ganzen Familie schmeckt und nachhaltig
ist. Denn die Zutaten ergeben sich aus den Obstteilen, die beim Backen von Apfelkuchen und Herstellen von Marmelade übrig bleiben.

Man trocknet folgende Zutaten in Heizungs- oder Ofennähe, zur Not
kann man auch den Backofen benutzen:

<u>Zutaten:</u>

Hagebuttenschalen

Apfelschalen

Kleingeschnittene Orangenschalen

Schale und Kerne von Holunder und Brombeere

Sind diese getrocknet, so mische man sie in einem Verhältnis, das den eigenen Vorlieben entspricht. Wer mag, kann noch mit Zimt und Nelke experimentieren. Die Teemischung wird in eine Dose gefüllt, und schon hat man einen Vorrat vom herrlichsten Wintertee.

ᎏᏓ Hollertrunk (vegan)

Zutaten:

600 g Holunderbeeren	mit
500 g Kandiszucker	in ein Glas schichten
1-2 Sternanis	dazu
1 Fl Wodka (750 ml)	obenauf schütten

Das Glas verschließen und sieben Wochen stehen lassen. Danach durch ein feines Sieb gießen, in Flaschen füllen und noch einmal drei Monate reifen lassen. Ja, ich weiß, das ist der schwierigste Teil des Rezepts. Aber seid tapfer, ihr werdet mit einem herrlich runden Hollergeschmack belohnt.

ᎏᏓ Winter-Smothie (vegan)

In den Mixbecher werden gefüllt:

1 Banane

1 Tasse TK-Brombeeren

Fruchtfleisch einer Orange

1 EL geröstete Walnüsse

Apfelsaft   so viel, bis das Ganze eine
schöne Trinkqualität hat

🌿 Seichkraut-Trunk oder auch Blasen-und Nierenspüler genannt (vegan)

<u>Zutaten:</u>

1 Teil junge Löwenzahnblätter

3 Teile gegarter weißer Spargel

3 Teile junge Brennnesselspitzen

1 Teil frische Pfefferminze

½ Teil Tahin (weißes Sesammus)

2 Teile Wassermelone

Apfel- und Orangensaft zu gleichen Teilen

Alle Zutaten in einen elektrischen Mixbecher geben und so lange mixen und Flüssigkeit hinzugeben, bis eine schöne sämige, flüssige Konsistenz erreicht ist. Wohl bekomm's.

🌿 Wildkräuter Pesto

<u>Zutaten:</u>

2 Teile junge Brennnesselspitzen

1 Teil Bärlauch

½ Teil junge Löwenzahnblätter

1 Teil Wildkräuter nach Wahl

(Giersch, Spitzwegerich, Rotkleeblätter- und Blüten…)

1 Teil in Öl eingelegte getrocknete Tomaten

ausreichend Olivenöl

Die gewaschenen Kräuter werden grob zerkleinert und mit den Tomaten in einen Mixbecher gegeben. Nach und nach während des Zerkleinerungsvorganges Olivenöl dazugeben, bis die richtige Pestokonsistenz erreicht ist. In Gläser mit Schraubverschluss füllen. Wer einen großen Vorrat anlegen möchte, kann die Gläser auch einfrieren und hat so den ganzen Winter hindurch die grüne Wiesenpower auf dem Teller.

🐌 Nesseldip mit Linsen (vegetarisch)

Zutaten:

100 g Linsen	ganz weich kochen
1 große Süßkartoffel	im Ganzen garen, auskühlen lassen, schälen
2 gewürfelte Zwiebeln	in Olivenöl andünsten
100 g gehackte Brennnesselspitzen	mit
50 g gehackten jungen Löwenzahnblättern	zu den Zwiebeln geben, dünsten
1 Tasse Gemüsebrühe	alle Zutaten damit mischen und pürieren
1 Becher Schmand	unterrühren
die Masse mit Salz und Pfeffer	abschmecken

Wer diesen Genuss vegan möchte, lässt einfach den Schmand weg. Neben der Brennnessel mit ihrem tollen Vitamingehalt sind Linsen ein unglaubliches Powerpaket, das gerade Veganern und Vegetariern durch den hohen Gehalt an Eiweiß (ca. 26 g auf 100 g), Ballaststoffen und Magnesium zugutekommt. Die Süßkartoffel macht glücklich, der Löwenzahn spornt Leber und Galle zur Arbeit an, und mit der Zwiebel werden die Abwehrkräfte gestärkt und die Verdauung angeregt. Die ausgleichende Wirkung auf den Blutdruck ist auch nicht zu unterschätzen. Neben diesen tollen gesundheitlichen Aspekten schmecken alle Zutaten einfach auch fantastisch. Nicht umsonst nannte man die Linse früher den »Kaviar des armen Mannes«

૨♥ Stampf für die Seele (vegan/vegetarisch)

Zutaten:

250 g Kartoffeln

300 g Möhren

200 g Wurzelpetersilie

150 g Sellerie

1 Bund Brennnesselspitzen

1 Zwiebel

1 Bund Bärlauch

200 ml Gemüsebrühe

200 ml Sahne

Butter

Salz und Muskat

Zwiebel würfeln und in etwas Butter anschwitzen.

Geschälte Kartoffeln sowie gewaschenes, grob zerkleinertes Gemüse und die Wildkräuter zu den Zwiebeln geben. Die Gemüsebrühe und 100 ml Sahne dazugeben und alles zusammen garen. Nun das Gemüse mit dem Pürierstab, dem Rest Sahne und einem guten Stich Butter zu einem Stampf verarbeiten. Das Ganze mit Salz und Muskat abschmecken, und schon hat man eine Seelen-Speise, die nicht nur Kinder glücklich macht.

❧ Basische Fastensuppe (vegan)

Zutaten:

200 g Kartoffeln
200 g Möhren
200 g Wurzelpetersilie
200 g Sellerie
1 Stange Lauch
200 g Spargel
1 Stück frischer Ingwer

Die Zutaten waschen und in Würfel und Ringe schneiden. Das Gemüse wird nun in etwas Olivenöl kurz angeschwitzt. Dann je 1 TL Kurkuma, Galgant und edelsüßen Paprika darüber streuen, gut durchrühren und des Weiteren:

1 Bund Bärlauch
100 g Löwenzahn
100 g Brennnesselspitzen

ebenfalls kleingehackt dazu geben. Mit 1 Liter Wasser auffüllen und das Gemüse weichkochen. Möchte man die Suppe als Fastensuppe kochen, wird sie nach dem Kochen durch ein Sieb passiert und abgeschmeckt mit Muskat, Pfeffer, wenig oder ganz ohne Salz.

Ein Genuss ist diese Suppe auch, wenn man nicht fastet. Dann wird das Gemüse nur bissfest gegart und kräftiger gewürzt. Hier darf das Salz in der Suppe nicht fehlen.

Wer mag, kann die Suppe mit einer geriebenen Kartoffel sämig machen und mit dem Zauberstab pürieren.

Wilde Quiche als Fingerfood

<u>Mürbeteig:</u>

250 g Mehl Typ 550

2 Eier

170 g Butter

Salz und Muskat

Zutaten rasch zu einem Teig kneten und abgedeckt für 1-2 Stunden in den Kühlschrank legen.

<u>Belag:</u>

200 g blanchierte Brennnesselspitzen

1 Bund gehackte Bärlauchblätter

1 fein geschnittene Zwiebel

Diese Zutaten mischen.

<u>Guss:</u>

2 Eier werden mit

1 Becher Sahne und

200 g Ziegenfrischkäse schaumig gerührt und mit

Salz, Pfeffer und Muskat abgeschmeckt

<u>Zusätzlich benötigt man noch:</u>

100 g Speckwürfel

Nun legt man in jede Einbuchtung einer Muffinbackform ein Backförmchen aus Papier, rollt den Teig aus und sticht entsprechend große Kreise aus, die dann in die Backförmchen gelegt werden. Anschließend den Belag darauf verteilen, auf jedes Förmchen ca. einen Esslöffel des Gusses gegeben und zum Schluss noch etwas Speck obenauf. Die kleinen Quiches bei 175 Grad ca. 20 – 25 Minuten backen. Sie schmecken warm sehr gut, sind aber auch auf Wanderungen oder zum Picknick kalt ein Genuss.

🐌 Nessel-Fädle (Suppeneinlage) (vegetarisch)

Zutaten:

30 g frische Brennnesselspitzen   fein hacken

Einen Teig herstellen aus:

50 g Mehl Typ 550
1/8 l Milch
1 Ei
Salz, Pfeffer und Muskat

Die Brennnesseln unterrühren und in einer Pfanne in Rapsöl oder Butterschmalz kleine dünne Pfannkuchen backen. Wenn diese ausgekühlt sind, werden sie aufgerollt und in dünne Scheiben geschnitten. In einen vorgewärmten Suppenteller gelegt und mit Hühner- oder Fleischbrühe aufgefüllt.

🐌 Wikrudel (Wildkräuterstrudel) (vegetarisch)

Strudelteig herstellen aus:

250 g Mehl Typ 550
2 – 3 EL Olivenöl
1 P Salz
Etwas lauwarmes Wasser

Aus den Zutaten einen geschmeidigen, glatten Teig kneten. Diesen mit Öl bepinseln und mindestens eine Stunde zugedeckt ruhen lassen. In der Zwischenzeit:

200 g Brennnesselspitzen   waschen, blanchieren und klein schneiden

100 g junge Löwenzahnblätter	waschen und so fein wie Endiviensalat schneiden
1 Bund Bärlauch	waschen und klein hacken
2 Zwiebeln	hacken und in Olivenöl leicht anbraten
50 g getrocknete Tomaten in Öl	kleinschneiden
200 g Schafskäse (Feta)	in kleine Würfel schneiden
1 Ei	

Alle Zutaten miteinander mischen und mit Salz, Pfeffer, Muskat und Kurkuma abschmecken.

Den Strudelteig nun ganz dünn ausrollen. Die Ränder mit Wasser bestreichen, die Füllung darauf verteilen, alles schön einrollen, auf ein Blech geben, den Strudel mit zerlassener Butter bestreichen und ca. 60 – 70 Minuten bei 170 Grad backen. Die Backdauer richtet sich nach der Dicke des Strudels. Der Strudel ist warm und kalt ein Genuss.

ᓚ Wilde Pizza (vegetarisch)

Hefeteig:

250 g Weizenmehl Typ 550

250 g Weizenmehl Typ 1050

1 Päckchen Hefe (Trockenhefe) oder ein Würfel Frischhefe

1 TL Salz

1 TL Dost/Oregano

Lauwarmes Wasser und 3 EL Olivenöl

Mehl mit den übrigen Zutaten mischen. Wasser dazu und das Öl zum

Schluss unterrühren. Den Teig nun zugedeckt schön ruhen lassen. Danach ausrollen und auf ein gefettetes Backblech legen.

Pizzasoße:

1 Dose gehackte Tomaten (400 g)

1 EL Tomatenmark

5 Sardellen in Öl

1 EL Bärlauchpesto

1 Chili Schote, Salz, Pfeffer

1 EL getrockneter Dost oder Oregano

Die Zutaten mit einem Pürrierstab zerkleinern und die Soße auf dem Pizzaboden verteilen.

Pizzabelag:

50 g junge Brennnesselspitzen

20 g junge Löwenzahnblätter

50 g Bärlauch, Giersch, Rotklee...

ein paar Zweige:

wildes Fenchelkraut, Dost	fein hacken und
2 Zwiebeln	in Ringe schneiden
einige schwarze Oliven	
2 Tomaten	in Scheiben geschnitten
2 EL Olivenöl	über den Pizzabelag träufeln
250 g Schafskäse (Feta)	würfeln und darüber verteilen

Nach Geschmack noch Salz, Pfeffer und Dost auf der Pizza verteilen und nun bei 180 Grad ca. 25 Minuten backen.

🐾 Wildgrüne hausgemachte Nesselpasta (vegan)

Zutaten:

100 g Brennnesseln	blanchieren und klein schneiden und mit
4-5 EL Olivenöl	mit dem Zauberstab zu sehr feinem Mus pürieren
250 g Mehl Typ 550	in eine Schüssel geben und mit dem Brennnessel-Mus sowie
1 TL Salz, 1 P Muskat	und
ca. 6 EL lauwarmem Wasser	zu einem Teig kneten, der die Konsistenz eines Strudelteiges haben sollte

Dieses Grün ist herrlich intensiv und bleibt auch nach dem Kochen erhalten.

Den Teig eine Stunde ruhen lassen, dann dünn ausrollen und mit einem langen Lineal und einem Teigrädchen in Streifen schneiden, über einen Hexenbesenstiel hängen (zur Not geht es auch mit einem herkömmlichen Hausbesenstiel) und die Köstlichkeiten trocknen lassen. Gut verschlossen in einem Glas halten sie genau so lange, wie man der Versuchung widerstehen kann.

🐾 Kaninchen mit Hagebuttensoße

Zutaten:

1 Kaninchen, zerteilt	mit
Salz und Pfeffer	würzen und dann in
Butterschmalz	kurz und scharf anbraten
2-3 gewürfelte Zwiebeln	mit anbraten, nun mit

1/8 l Weißwein	ablöschen und ein Sträußchen aus
Rosmarin, Salbei und Thymian	binden und zum Fleisch legen, nun ein Tee-Ei füllen mit
Wacholderbeeren und Nelken	ebenfalls dazugeben, Deckel schließen und ca. 30 – 45 Minuten schmoren lassen, je nach Größe der Fleischstücke
	Fleisch, Tee-Ei und Gewürz-sträußchen herausnehmen. Das Fleisch warm stellen. Nun werden:
2 EL Hagebuttenmark	ersatzweise
1 EL Hagebuttenmarmelade	sowie
1/8 l Gemüsebrühe	und
2 EL scharfer Senf	in den Fond gegeben und 3 Min. köcheln gelassen

Mit Sahne, Salz und Pfeffer abschmecken, das Fleisch wieder hinzu-geben und 5 Minuten ziehen lassen.

🌿 Löwenzahn-Salat mit zweierlei Kartoffeln
(vegetarisch)

Zutaten:

4 große Pellkartoffeln	in Würfel schneiden
2 mittelgroße gegarte Süßkartoffeln	in Würfel schneiden
100 g junge Löwenzahnblätter	fein wie Endiviensalat schneiden

1 große gewürfelte Zwiebel   in Olivenöl andünsten

3 gewürfelte eingelegte Gurken   Diese Zutaten vorsichtig mischen und nun ein Dressing anrühren aus:

200 ml Gemüsebrühe

200 ml Sahne

1 EL Senf

3-4 EL Gurkenbrühe

Salz und Pfeffer

4 EL Olivenöl

Nun alles miteinander vermischen und 2 Stunden im Kühlschrank ziehen lassen. Dies ist ein super Partysalat, den man auch noch mit kleingeschnitten Kapuzinerkresseblättern und -blüten aufpeppen kann. Die Kapuzinerkresse gibt dem Salat noch eine angenehme frische Schärfe.

Kleiner Tipp für die Süßkartoffeln: Sie sollten separat gekocht werden, da ihre Garzeit kürzer ist als die von herkömmlichen Kartoffeln.

🐌 Walbutte Schnecken (Walnuss-Hagebutte)
(vegetarisch)

Einen Mürbeteig kneten und diesen kann kalt stellen, aus:

250 g Weizenmehl Typ 550

1 Ei

80 g Zucker

125 g Butter

1 P Salz

1 TL Zimt   dann

200 g Hagebuttenmarmelade mit
geriebener Schale einer Orange verrühren und
100 g Walnüsse rösten und klein hacken

Nun den Teig in zwei Hälften teilen und diese zu je einem Rechteck ausrollen, auf ein Stück Klarsichtfolie legen und mit je der Hälfte der Marmelade bestreichen. Nun die Walnüsse darauf verteilen und mit Hilfe der Folie aufrollen. Die eingepackten Rollen dann für ca. eine Stunde in die Tiefkühltruhe legen. Anschließend die Rollen in 1 cm dicke Scheiben schneiden, diese auf ein Bachblech legen und bei 175 Grad ca. 12 Minuten backen. Schmecken nicht nur zur Weihnachtszeit.

🐛 Holler-Kekse (vegetarisch)

Mürbeteig herstellen aus:

250 g Butter

200 g Zucker

1 P Salz

6 Eigelb

Schale einer Bio-Orange

500 g Mehl Typ 550

1 TL Backpulver

Den Teig mindestens eine Stunde kühl lagern. Nun ausrollen und Sterne ausstechen (oder welche Formen euch gefallen). Die Hälfte der Sterne auf ein Blech legen, in die anderen noch ein Loch in der Mitte ausstechen. Die ganzen Sterne mit Wasser bestreichen und die anderen Sterne obenauf setzten. Nun in die kleine Öffnung etwas Holundermarmelade geben. Die Kekse bei 180 Grad ca. 12 Minuten backen. Nach dem Auskühlen mit Puderzucker bestäuben oder mit Zitronenglasur bestreichen.

Und aus dem übrig gebliebenen Eiweiß und dem Orangensaft lassen sich wunderbare Zimtsterne machen.

૨ઢ Zimtsterne

Zutaten:

6 Eiweiß	sehr steif schlagen
1 P Salz	und
400 g gesiebter Puderzucker	nach und nach, sowie
1-2 EL Orangensaft	dazugeben
	Von der Masse ca. 6 EL in den Kühlschrank stellen.
500 g gemahlene Mandeln	und
2 TL Zimt	unter die restliche Masse kneten

Eine Backunterlage mit Mandeln bestreuen. Die Masse portionsweise ausrollen und Sterne ausstechen. Nun die Sterne mit der restlichen Eiweißmasse bestreichen, auf Backpapier setzten und 6 Stunden oder über Nacht trocknen lassen. Nun bei etwa 120 Grad ca. 20 Minuten mehr trocknen als backen.

Weitere Leckereien

Hier folgen nun weitere Rezepte, die sich zwar nicht in eines der vorigen Kapitel einordnen lassen, für unseren Gaumen jedoch eine vorzügliche Bereicherung darstellen. Überzeugt euch selbst.

༡༦ Hexensabbatgesöff (vegan)

Zutaten:

1 Bund Waldmeister	wird in einer Flasche trockenen Weißwein ertränkt
250 g frische Erdbeeren	kleingeschnitten und mit
Zucker nach Belieben	bestreut, ziehen lassen

Nach magischen 3 – 4 Stunden werden beide Zutaten in ein Gefäß geworfen. Mit einem Holzlöffel wird nun in Form einer Acht viel Liebe eingerührt. Dann mit einem herrlichem Knall eine Flasche Sekt öffnen und diese zu den Erdbeeren und dem Wein geben. Wer hat, kann noch ein paar erfrischende Minzblätter dazugeben. Und: Holla, die Waldfee, fertig ist das Hexensabbatgesöff.

❧ Giftgrüner Zaubertrunk (vegan)

Macht stark, schlau, schön und unwiderstehlich.
Also runter mit dem Zeug.

Zutaten:

1 Teil junge Löwenzahnblätter
1 Teil Wiesenklee, Blätter und Blüten
5 Teile junge Brennnesselspitzen
2 Teile frische Pfefferminze
1 EL Tahin (weißes Sesammus)
1 – 2 Bananen
Saft einer Zitrone
Mandelmilch

Alle Zutaten in einen elektrischen Mixbecher geben und so lange mixen und Flüssigkeit hinzugeben, bis eine schöne sämige, flüssige Konsistenz erreicht ist. Statt Mandelmilch kann man mit Hafermilch oder Obstsäften experimentieren.

❧ Gurgellösung

Bei Husten und Heiserkeit hilft auch: Eine Handvoll frische oder getrocknete Vogelbeeren in einem halben Liter Wasser eine Stunde leicht sieden lassen. Mit dem Absud dreimal täglich gurgeln – ein Wundermittel bei Heiserkeit und Halsschmerzen.

🐦 Vogelbeergelee – Frucht der Eberesche (vegan)

Zutaten:

ca. 1,5 kg Vogelbeeren waschen und über Nacht
einfrieren, nach dem Auftauen
die Beeren in einem Topf mit

½ l Apfelsaft und

Saft und geriebener Schale

einer Bio-Orange aufkochen und ca. 20 – 30
Minuten köcheln lassen. An-
schließend durch ein Mulltuch
abseihen und auskühlen lassen

750 ml Saft abmessen und mit

1 kg 1:1 Gelierzucker nach Vorschrift kochen, heiß in
Gläser füllen

Dieser Gelee wird denjenigen gut schmecken, die auch eine Schwä-
che für englische Bitterorangen-Marmelade haben, denn die Vogelbeeren sind nichts für sanfte Erdbeergemüter. Er schmeckt besonders gut zu reifem Camembert oder Ziegenkäse.

Vogelbeer-Geheimtipp für SängerInnen und ModeratorInnen

Egal, ob Sie frische Beeren kauen – oder auf den getrockneten Vorrat zurückgreifen – beide halten die Stimmbänder geschmeidig und
sind ein Geheimtipp für Redner und Sänger. 3 bis 5 Beeren pro Tag
sollen ausreichen.

🍐 »Heiromas fruchtige Grillsoße«
oder »Quetsche Ketchup« (vegan)

Zutaten:

500 g Pflaumen

50 g frischer Ingwer, fein gehackt

400 g Zwiebeln

250 g brauner Zucker

300 ml Apfelessig

250 ml Holunderdirektsaft

Geriebene Schale einer Orange

2-3 EL Rapsöl

2-3 getrocknete Chilischoten

½ TL Wacholderbeeren

½ TL Nelken ganz

2 Lorbeerblätter

Salz, Pfeffer

Die geschälten, gewürfelten Zwiebeln mit dem klein gehackten Ingwer in Öl andünsten. Dann den Zucker darüber streuen, schmelzen lassen, die entkernten halbierten Pflaumen und den Essig dazu. Alles kurz aufkochen, nun noch die Gewürze und den Ingwer dazu und alles ca. 1,5 – 2 Stunden köcheln lassen. Danach die Masse durch ein Sieb passieren, noch einmal aufkochen lassen, mit Salz und Pfeffer abschmecken und gegebenenfalls mit etwas Kartoffelstärke andicken. Noch heiß in Gläser füllen.

Schmeckt zu Gegrilltem ebenso wie auf einer Scheibe frischem Brot mit Wurst oder Ziegenkäse.

🦔 Paprika-Tomaten-Aufstrich (vegan)

<u>Zutaten:</u>

1 – 2 Zwiebeln	schälen, würfeln in
1 EL Kokosfett	andünsten
1 rote Paprikaschote	würfeln und dazugeben, kurz anbraten
2 Tomaten	würfeln, ebenfalls dazu
1 TL Dost oder Oregano	
½ TL Salz	
Chili	mit unterrühren und ca. 10 Minuten dünsten,
1 EL Tomatenmark	unterrühren; Topf vom Herd nehmen
5 in Öl eingelegte getrocknete Tomaten	klein schneiden und dazugeben
	Nun die Masse pürieren und mit den Gewürzen abschmecken.
1 EL Kokosfett	im Topf erhitzen, die Masse dazugeben, umrühren und in kleine Gläser füllen.

Durch den letzten Arbeitsschritt wird die Masse streichzarter.

𝒆𝒍 Mediterran gefüllte Zucchini (vegetarisch)

<u>Zutaten:</u>

3 mittelgroße Zucchini	halbieren, aushöhlen

Nun eine Marinade anrühren aus:

2 EL Olivenöl	
½ TL Salz	
1 TL Kurkuma	
1 MSP Kreuzkümmel	
1 TL Oregano	
Pfeffer, Chilipulver	nach Geschmack
½ TL Honig	Mit dieser Marinade werden nun die Zucchinihälften großzügig eingepinselt.
1 – 2 gewürfelte Zwiebeln	in Olivenöl anbraten
2 – 4 Zehen Knoblauch, gehackt	dazugeben
1 rote Paprika	entkernen, würfeln
2 Tomaten	würfeln
50 g grüne Oliven	in dünne Scheiben schneiden
200 ml Gemüsebrühe	
2 EL Tomatenmark	
200 g Fetakäse	gewürfelt
Salz, Pfeffer, Thymian, Oregano	nach Geschmack

Die Paprika sowie die Tomaten und die kleingeschnittene Füllung der Zucchini zu den Zwiebeln geben. Alles kurz anschwitzen großzügig mit Oregano und Thymian bestreuen, die Gemüsebrühe dazugeben und mit geschlossenem Deckel 2 – 4 Minuten köcheln lassen.

Dann die Oliven, das Tomatenmark und den Feta dazugeben und alles gut umrühren, bis der Käse geschmolzen ist. Nun mit Salz und

Pfeffer abschmecken. Die Zucchinihälften in eine gefettete Auflauf-form stellen und füllen. Was von der Füllung übrigbleibt, dient später mit gekochtem Reis als Beilage. Nun werden die Zucchinihälften bei 180 Grad für 15 – 20 Minuten in den Backofen geschoben. Die Gar-zeit richtet sich nach der Größe der Zucchini.

Nun noch eine große Schüssel Salat dazu, und schon ist ein erfri-schendes Sommergericht fertig, das der alljährlichen Zucchi-nischwemme genießerisch die Stirn bietet.

⁂ Kartoffeleintopf

Zutaten:

750 g gewürfelte Zwiebeln	in Öl anbraten
2 EL Paprika edelsüß	darüber streuen, umrühren
2 – 3 Knoblauchzehen gehackt	dazu geben
1,5 kg Kartoffeln	und
2 Möhren	schälen, waschen, würfeln, dazu geben
ca. 1,4 l Gemüsebrühe	angießen
3 feine Würstchen	in Scheiben schneiden und dazu geben
2 Lorbeerblätter	
2 EL Oregano	Gewürze dazu und so lange kochen, bis die Kartoffeln bissfest sind
Chili nach Geschmack	
1 rohe Kartoffel	fein reiben und dazu, macht den Eintopf schön sämig

| *1 Becher Creme fraîche* | unterrühren und mit |
| *Salz und Pfeffer* | abschmecken |

Ein Eintopf, der schnell gekocht ist und besonders von Kindern geschätzt wird.

🐌 Bigos, eine Variante von vielen (polnisches Nationalgericht)

Zutaten:

150 g durchwachsener Speck	und
3 große gewürfelte Zwiebeln	in Öl anbraten
750 g Schweinefleisch	und
750 g Rindfleisch	in Würfel schneiden
400 g grobe geräucherte Würstchen	in Scheiben schneiden
500 g Bauchscheiben	in grobe Stücke teilen
1 kg Sauerkraut	
1 kg Weißkohl	in Streifen geschnitten
1 säuerlicher Apfel	in Würfel geschnitten
2 – 3 Lorbeerblätter	
3 Zehen Knoblauch	
3 EL Tomatenmark	
1 – 2 Zweige Beifuß	
Kümmel, Majoran,	
Paprika edelsüß,	
Paprika rosenscharf,	

Pfeffer, Salz, Zucker,

etwas Rotwein

In einem wirklich ausreichend großen Topf werden zuerst die Zwiebeln und dann abwechselnd Kohl und Sauerkraut mit dem Fleisch und der Wurst und dem gebratenen Speck geschichtet. Lorbeerblätter, Knoblauch und die anderen Gewürze dazwischen verteilen. Bei mittlerer Hitze 1 bis 1,5 Stunden langsam garen. Zu Beginn ein Glas Rotwein angießen, das zweite darf getrunken werden. Anschließend mit Tomatenmark und den Gewürzen abschmecken, alles gut vermischen und noch einmal ca. zwanzig Minuten durchziehen lassen.

Dieser Eintopf ist deftig, kräftig und schmeckt aufgewärmt am besten. Und bitte keine Kalorien zählen, das verdirbt den Spaß!

🦑 Gefüllter Minikürbis mit Fisch

<u>Zutaten:</u>

4 Minikürbisse — vorbereiten: Deckel abschneiden, aushöhlen, Kerne als Saatgut oder Vogelfutter verwenden. Kürbis marinieren mit einer Marinade aus:

Olivenöl, Kurkuma, Kreuzkümmel, Salz und Paprika rosenscharf — einen Teil der Mischung zurückbehalten

<u>Füllung:</u>

150 g Dörrfleisch — würfeln und in Öl auslassen

1 gewürfelte Zwiebel — und

1 Stück frischen Ingwer — darin andünsten

½ gewürfelte Zwiebel	mischen mit
2 gewürfelten Tomaten	und
2 Lachsfilets gewürfelt	Masse mit dem Speck mischen und mit Sahne und Gewürzmischung s.o. abschmecken.

Kürbis füllen:

2 Tomaten	in Scheiben schneiden und auf den Boden der Kürbisse legen
Frische Basilikumblätter	
Zweige von Zitronenthymian	darüber legen, Füllung darauf
Tomatenscheibe	als Abschluss obenauf legen, darauf dann
Basilikum und Thymian	dann die Deckel darauf legen

Die Kürbisse bei 180 Grad ca. 30 Minuten im Ofen garen. Die Zeit richtet sich nach der Größe und Art der Kürbisse.

❧ Erbseneintopf

Zutaten:

500 g Erbsen	über Nacht in Wasser einweichen
¼ Sellerieknolle	sowie
3 Möhren	schälen und würfeln
1 Stange Lauch	waschen und in Ringe schneiden
1 Stück frischer Ingwer	schälen und sehr fein hacken

4 grobe Mettwürstchen	in Scheiben schneiden und mit den Erbsen in ca.
2 l Wasser	mit den Lorbeerblättern kochen
1 gehackte Zwiebel	in
2 EL Olivenöl	anbraten, den Ingwer, Möhren und Sellerie dazu, alles kurz anschwitzten, zu den Erbsen geben, 3 – 4 Minuten kochen, dann den Lauch dazu.
Salz, Pfeffer, 1 TL Senf	mit
1/8 l Essig	verrühren und unter die Suppe geben

Ist die Suppe nicht sämig genug, eine rohe Kartoffel hineinreiben und kurz aufkochen lassen.

ঌ Döppekuchen

Zutaten:

1,5 kg Bio-Kartoffeln	waschen und fein reiben
1 altbackenes Brötchen	in Wasser einweichen, dann ausdrücken
700 g Zwiebeln	schälen und fein hacken, dazu kommen,
2 Eier	
250 g durchwachsener Speck	gewürfelt oder
3 Mettwürstchen	in Scheiben geschnitten
1 TL Muskat	
1 TL schwarzer Pfeffer	
Salz nach Geschmack	

Aus den oben genannten Zutaten einen Masse rühren und diese in einen eingefetteten Bräter oder eine Auflaufform füllen. Im Backofen bei ca. 180 Grad 1,5 Stunden backen. Die erste Hälfte der Backzeit mit, die zweite ohne Deckel. Dazu schmeckt Apfelmus.

Die Bio-Kartoffeln mit Schale reiben, da genau unter der Schale, ebenso wie bei Äpfeln, Möhren und anderen Obst- und Gemüsesorten, viele gute Dinge auf uns warten, die wir unserem Körper einfach nicht vorenthalten sollten.

🐾 Brathähnchen im Wirsingbett

Zutaten:

1 küchenfertiges Brathähnchen	in Portionsstücke teilen und mit einer Gewürzmischung aus:
½ TL Salz	
½ TL schwarzem Pfeffer	
2 TL Paprikapulver edelsüß	
1 TL Galgant	
1 TL Kurkuma	einreiben
1 kleiner Wirsing	halbieren, Strunk entfernen und in Streifen schneiden
2 Zwiebeln	schälen und grob zerkleinern
2 Zehen Knoblauch	schälen und fein hacken
150 g durchwachsenen Speck	würfeln

In einen eingefetteten Bräter zuerst den Wirsing, darauf Zwiebeln, Knoblauch und den Speck verteilen. Die restliche Gewürzmischung darüber streuen. Darauf werden nun die Hähnchenteile gelegt und mit einem Schuss Weißwein begossen. Die erste halbe Stunde mit geschlossenem Deckel, die letzten 20 Minuten offen bei 180 Grad im Backofen braten.

🐷 Erdapfel-Pralinen (vegan)

Zutaten:

400 g mehlige Kartoffeln	mit Schale kochen, abkühlen lassen, pellen auf ein mit Backpapier ausgelegtes Blech reiben und bei ca. 140 Grad 30 Minuten trocknen lassen. Danach in eine Schüssel geben.
60 g gemahlene Mandeln	dazugeben
200 g dunkle Kuvertüre	im Wasserbad schmelzen und über die Kartoffelmasse geben
3 EL Kirsch- oder Orangenschnaps	sowie
50 g Kokosflocken	dazu, umrühren und abkühlen lassen, bis die Masse formbar ist

Nun Kugeln formen und in Kokosflocken wenden. Im Kühlschrank sind die ungewöhnlichen Pralinen ca. 5 Tage haltbar.

🐌 Vanillesoße à la Andreas (vegetarisch)

Zutaten:

100 g Zucker	im Topf hell karamellisieren, dann mit
50 ml Wasser	ablöschen
750 ml Milch	und
250 ml Sahne	dazu
2 angeritzte Vanilleschoten	
1 P Salz	
1 Schluck Hochprozentiges nach Geschmack (Kirschlikör, Rum…)	mit in den Topf und alles 1 Stunde ganz leicht köcheln

Nun die Vanilleschoten entfernen, auskratzten, das Mark wieder zu der Milch geben. Mit Kartoffelstärke binden, und schon hat man eine Vanillesoße, die Bratäpfel, Strudel oder Dampfnudeln zu einem wahren Geschmackserlebnis werden lässt.

———————————

Wie viel Gutes steckt darin

Pflanze Angabe pro 100 g	Mineralstoffe					
	Eisen	Kalzium	Kalium	Magnesium	Natrium	Phosphor
	mg	mg	mg	mg	mg	mg
Ø tägl. Bedarf eines Erw.	10-15	1000		300 – 350		
Bärlauch	2,9	76	336	22	16	50
Brennnessel	4,1	713	320	80	18	138
Löwenzahn	3,1	158	483	36	76	70
Minze	2	150	400	30	20	50
Endiviensalat	1,4	54	346	10	53	54
Kopfsalat	0,3	20	172	9	8	22
Apfel	0,5	7	122	6	3	12
Hagebutte	0,5	257	291	104	124	258
Holunderbeere	1,6	37	303	0	1	57
Erdbeere	1	24	147	15	2	26
Hafer (Flocken)	4,5	57	335	135	7	440
Hirse	6,9	10	173	123	3	275
Weizen (Korn)	3,3	33	0	1,4	8	341
Weizen (Mehl Typ 550)	1,1	16	146	10	2	108
Hanfsamen	12	190	860	470		
Haselnuss	3,8	225	630	150	2	330
Mohnsamen	9,5	1460	705	333	21	854
Erdnuss	1,8	40	661	163	11	341
Zwiebel	0,3	31	162	11	3	33

Anmerkung: Die Angaben beziehen sich auf rohe Pflanzen und können je nach Jahreszeit, Pflanzenteil und Standort schwanken.

Vitamine						Energie	
A	B1	B2	B6	C	E	kcal	kj
µg	mg	mg	mg	mg	mg		
1000	1,2	1,3		100	13	2200	9190
0	0,13	0,06	0,2	150	0,25	50	12
800	0	0	0	300	0	44	185
1300	0,2	0,17	0	68	2,5	27	113
667	0,1	0,2	0,1	45	1	42	175,7
182	0,06	0,1	0	10	0	14	59
245	0,06	0,08	0,06	13	0,6	12	49
6	0,04	0,03	0,1	12	0,5	54	225
800	0,06	0,07	0,05	1250	4,2	94	393
60	0,07	0,07	0,25	18	0	54	228
3	0,03	0,06	0,06	62	0,1	32	134
0	0,65	0,15	0,94	0	1,2	352	1472
0	0,43	0,11	0,52	0	0,4	354	1479
3	0,46	0,11	0,27	0	1,4	306	1279
0	0,11	0,08	0,1	0	0,3	337	1409
0	1,7	0	0,7	0	5,1	477	1965
5	0,4	0,2	0,3	3	26,6	647	2705
5	0,86	0,17	0,44	0	4	492	2058
0	0,9	0,15	0,44	0	10,3	570	2380
1	0,03	0,03	0,13	10	0,1	28	118

Der Nährstoffbedarf ist ein Richtwert und ändert sich, beispielsweise bei Schwangeren oder kranken Menschen.

Kulinarisches Register
– nach Kapiteln –

Die Zusammenkunft der großartigen Fünf

Weitere Leckereien

Kulinarisches Register
– nach Speisen –

Leckereien für die Salatschüssel

Herzhafte Leckereien für Vegetarier und Veganer

Leckereien für Fleisch- und Fischliebhaber

Süße Leckereien

Sonstiges

Zu guter Letzt

Nun sind wir also auf den letzten Seiten angekommen. Der Leser hat viel erfahren über die wertvollen Geschenke der Natur und vielleicht sogar schon einiges ausprobiert. Dargelegt wurde auch, was die Pflanzen bewirken und wie sie in lukullische Gaumenfreuden umgewandelt werden können.

Die angegebenen Rezepte sind als Anregung gedacht. Sie können und sollen sogar nach den Vorlieben des Einzelnen ab- und umgewandelt werden. In diesem Zusammenhang noch ein wichtiger Hinweis das Kochen betreffend: Wer Speisen zubereitet, hat es im wahrsten Sinne des Wortes in der Hand, was da anschließend auf dem Teller oder im Glas landet und mit welcher Energie dies aufgeladen ist. Liebe geht durch den Magen, das weiß jeder. Aber nicht nur die Liebe, sondern auch die Gedanken und die Stimmung, in der sich die Köchin oder der Koch während der Zubereitung befindet, wandern durch den Kochlöffel direkt in den Topf und anschließend auf den Teller. Beobachtet euch einmal, wenn ihr am Herd steht. An was denkt ihr und wie geht es euch?

Wie sollten die Speisen zubereitet worden sein, die ihr als Gast esst? Von einer Köchin, die ärgerlich an die letzte Steuererklärung denkt, oder von einem Koch, der noch voller Zorn mit der vergangenen Auseinandersetzung mit seinem Chef beschäftigt ist? Sicher nicht.

Wenn ihr selbst den Kochlöffel schwingt, seid ganz bei der Sache. Freut euch über die tollen Lebensmittel, die wir uns hier, in unserem reichen Land in einer Riesenauswahl jederzeit kaufen können. Oder erfreut euch an selbst angebautem Gemüse, an den Beeren, die man eigenhändig aus dem Wald geholt hat, an eurem Lieblingslied, der schönen Umarmung mit dem oder der Liebsten oder dem Herumtollen mit dem Hund. Es gibt so unglaublich viele schöne Dinge, an die wir denken können, nicht nur in der Küche.

In diesem Sinne wünsche ich allen Hüterinnen und Hütern des Kochtopfes viele wunderbare Gedanken und noch mehr sinnliche und fröhliche Kocherlebnisse.

Heike Rosa Maria Gaudenti

Quellennachweis
»Also sprach der Löwenzahn«

Internet

http://www.planet-wissen.de/natur_technik/apfelbluetenland/aepfel/apfelsorten.jsp
http://www.alte-apfelsorten.de/sortenuebersicht.html
http://de.wikipedia.org
http://www.garten-literatur.de/Leselaube/abc/apfel.htm
http://www.deutsche-zwiebel.de/die-zwiebel/geschichte/
https://www.ugb.de/exklusiv/fragen-service/ist-verzehr-von-mohn-schaedlich/
?mohn-schwangerschaft
http://www.wildfind.com/pflanzen/schlafmohn
http://gedichte.xbib.de/Uhland_gedicht_Der+Mohn.htm
http://www.bauen.de/ratgeber/ausbau-renovierung/daemmung/daemmstoffe/
artikel/artikel/hanf.html
http://www.jason-boss.ag.vu/weedgedichte/
http://www.gardnerian.de/pflanzen/haselnuss.htm
http://www.20min.ch/wissen/news/story/Diese-amerikanischen--pfel-werden-
niemals-braun-18740015
http://gedichte.xbib.de/Drewing%2C+Ingrid+Herta_gedicht_Herbstmittag.htm
http://www.vielfalterleben.info/samenfeste-sorten-versus-hybridsorten/
http://idiome.deacademic.com/1099/Hafer
http://www.getreide.org/hirse.html
https://de.wikipedia.org/wiki/Gr%C3%BCne_Minze
http://www.natur-in-kosmetik.de/minze.htm
http://www.minzmuseum.de/pfefferminze/mythologie/
http://www.ernaehrung.de/lebensmittel/de/G492100/Baerlauch-roh.php
http://www.hanf-natur.com/page/shop/site/a/hlS/e/info_inhaltsstoffe?ps_session=
f7fa24dbce66e825590235aa943018ce
http://www.davert.de/produkte/fit-vitalprodukte/hanfsamen-150g
http://www.haselzauber.de/der_zauber.html

Literatur

»Hanf« von Jack Herer, Verlag: Zweitausendundeins, ISBN: 3-86150-026-4

»Schwupps, wir sind dann mal hier drin« von Heike Rosa Maria Gaudenti,
ISBN: 978-3-00-043586-7

GU- Nährwerttabelle ISBN: 3-7742-6137-7

Schwupps, wir sind dann mal hier drin

Pflanzen erzählen Magisches und Kulinarisches

In diesem Buch ergreift eine Auswahl an Wildpflanzen »fabelhaft« das Wort. Sie beschreiben sich selbst auf besondere, persönliche und manchmal auch ironische Art und Weise. Oft verkanntes »Unkraut« verteidigt seine Daseinsberechtigung und anerkannte Heilkräuter betonen ihre Vorzüge. Kombiniert ist dies mit kleinen Ausflügen in die Welt der Magie und des Sagenhaften.

Lasst Euch überraschen und hört zu, wenn das Bilsenkraut erzählt, warum es kein Mitleid mit uns hat, falls wir seine Wirkungsweise ausprobieren möchten, ob der Tollkirsche das Rezept für die Flugsalbe wieder einfällt, oder warum der Bärlauch sein Karma verbessern will und die Königskerze manchmal Depressionen hat.

Insgesamt werden 48 Pflanzen vorgestellt. Die rund 60 Kräuterrezepte für Gaumen und Gesundheit, werden durch Übungen für Körper, Geist und Seele ergänzt, die sich unkompliziert in jeden Alltag integrieren lassen.

ISBN: 978-3-00-043586-7